# 白话全本史记

卷九·安邦定国

司马迁 著

青少年彩绘版

长江出版传媒 | 长江文艺出版社

总 策 划：金丽红　黎　波

主　　编：黄晓新　程三国　王赛男

绘画作者：童介眉　韩亚洲　刘永凯　徐开云　熊孔成
张南峰　郭小凌　赵希玮　邓邦源　陈小强
王师颉　王惠祥　刘志伟　周　禾　赵　青
王树立　孙　龄　闫　斌　刘毅红　刘　炬
许明康　王时旺　陈昌柱　白云浩　白　明
兰　紫　张国荣　安洪民　刘　洁　刘　忠
杨　云　崔君旺　梁战岩　张　清

译　　者：石成林　王荣花　思　静　乐　闻　王文涛

责任编辑：王赛男　张雅琴

助理编辑：王枫婕

北京长江新世纪文化传媒有限公司
www.cjxinshiji.com
出品

扫码观看名师讲解
《史记》高考篇目

# 目　录

史记卷一百零七

魏其武安侯列传

扫描二维码
阅读本篇原文

## 窦婴　汉景帝　田蚡　籍福　灌夫

魏其侯窦婴，是汉文帝窦皇后的堂侄。父辈以前世世代代住在观津县。窦婴喜欢招结宾客，汉文帝时，担任吴国丞相，后因病免职。汉景帝刚刚即位时，他担任詹事[1]。

梁孝王刘武是汉景帝的弟弟，深得母亲窦太后的偏爱。一次梁孝王朝见汉景帝，汉景帝以兄弟关系设家宴招待他。当时还没有立太子，酒兴正浓时，汉景帝随口说道："我在百年之后把帝位传给梁王。"这句话引得窦太后十分高兴。这时，窦婴却拿过一杯酒献给汉景帝，说道："天下是高祖开创的，帝位父子相传是汉朝建立时的制度，皇上凭什么可以擅自传给梁王！"窦太后从此开始憎恨窦婴。而窦婴也嫌弃他现在的官职，就借口有病辞去了职务。窦太后免除了窦婴出入宫门的权利，也不把他排入参加朝请的大臣之列。

汉景帝三年（公元前 154 年），吴、楚等七国叛乱，汉景帝觉得皇族和窦家没有一个人能比得上窦婴的贤能，于是便召见他，想叫他挂帅平乱。窦婴进见，借口有病，不能胜任，坚决推辞。这时窦太后也觉得过去对他太过分了些，很是惭愧。汉景帝对窦婴说："国家有难，你难道可以推卸责任吗？"便任命他担任大将军，赏赐黄金一千斤。窦婴就把闲居在家

① 詹事：官名。掌管皇后、太子宫中事务的官。

【1】

的袁盎、栾布等名将推荐给汉景帝，把皇上赏赐的黄金全部摆放在廊檐下，军中有官吏来探访，就叫他们根据自己的需要随便拿取。这些黄金，窦婴一两也没往内室里拿。窦婴受命之后，带领大军驻守在荥阳，监督检查齐国、赵国两个战区的军事行动。【1】七国的叛乱平定之后，汉景帝赐封窦婴为魏其侯。许多游士宾客于是争着归附窦婴，他也深得汉景帝的宠幸，朝廷每次讨论军政大事，那些列侯们没有敢跟窦婴和条侯周亚夫平起平坐的。

汉景帝四年（公元前153年），景帝立栗姬之子为栗太子，派魏其侯窦婴做了太子太傅。汉景帝七年（公元前150年），栗太子被废黜了太子称号，魏其侯窦婴争辩了多次也不管用，就又借口有病，在蓝田南山隐居了几个月，许多人去劝说，也没能把他劝回京城来。窦婴的门客梁国人高遂劝他说："能使将军富贵的是皇上，能使将军得到宠幸的是太后。如今将军教导太子，太子被废黜而不能力谏，力谏达不到效果又不能以身殉职。自己托病在家，拥抱美女，闲居僻静处所而不参加朝会。前后判若两人，这明明是在张扬皇上的过失。倘若皇上和太后都恼恨了你，那么你的妻子儿女就会一个不剩啦！"魏其侯窦婴认为他说得很对，于是出山回京，像往常一样，照旧参加朝请。

桃侯刘舍被免去了丞相职务，窦太后几次提及魏其侯，想叫他接任。汉景帝说："难道太后认为我有所吝惜不叫窦婴当丞相么？窦婴这个人，总是自以为了不起，沾沾自喜，处理事务草率轻浮，难以担当重任。"终于没有任用他，而让建陵侯卫绾做了丞相。

武安侯田蚡是汉景帝皇后同母异父的弟弟，出生在长陵县。魏其侯窦婴担任大将军后才兴盛显赫起来，那时田蚡还在做郎官，并不显贵。田蚡往来于窦婴家中，陪从宴饮，跪拜起立，就像儿孙一样。到了汉景帝晚年，田蚡日益得宠，显贵起来，做了大中大夫。田蚡善辩论，有口才，学习过《槃盂》等书籍，王皇后认为他有才能。汉景帝逝世，当天太子即位，就是汉武帝，王太后摄政。王太后在摄政期间所用的镇压安抚的策略，大多数采用于田蚡的宾客。田蚡和弟弟田胜因为是王太后的弟弟，就在汉景帝死去的那一年（公元前 141 年）都被封侯。田蚡为武安侯，田胜为周阳侯。

武安侯田蚡新近显赫起来，很想当丞相，就谦恭自下，延揽宾客，把闲居在家的名人举荐给皇上，想用这些办法来压倒魏其侯窦婴等文武大臣。建元[①]元年（公元前 140 年），丞相卫绾因病免职，皇上酝酿选任丞相和太尉，籍福劝说武安侯田蚡说："魏其侯显贵很久了，天下的名士一向归附他。如今您刚刚兴盛，声望比不上魏其侯。如果皇上用您做丞相，您一定要让给魏其侯。魏其侯做了丞相，您必然是太尉。太尉和丞相同等尊贵，您又得了一个让贤的美名。"武安侯田蚡觉得有理，便委婉地告诉王太后暗示皇上，皇上于是用魏其侯窦婴作丞相，田蚡作太尉。籍福去向窦婴道贺，顺便劝诫说："您的性格是喜善憎恶，当今好人赞扬您，所以您官升至丞相，但是您也憎恨恶人，现在恶人很多，他们也会毁谤您。如果您能胸怀宽广，那么可以在相位上待得久一点；

① 建元：汉武帝的第一个年号。这是我国历史上帝王用年号纪元的开始。汉武帝改元十一次，这是第一个年号，共六年（公元前 140 年—公元前 135 年）。

如果不能，那么您马上就会因为别人的诽谤而丢掉相位了。”魏其侯没有听从他的话。

窦婴、田蚡两人全都喜欢孔子的儒家学说，推荐赵绾担任御史大夫，王臧担任郎中令。他们又请来鲁地人申公，准备设立明堂。让那些诸侯们回到自己的封地，免除诸侯出入的关禁，以示天下一家，依照古代礼法规定服装制度，认为这样就可以兴起太平之治了。他们还检举、处理皇族和窦氏家族中品行不好的人，除去他们的族籍。当时列侯很多都是外戚，他们当中有不少人娶的都是公主，因此不想到封国去，诽谤窦婴和田蚡的话语天天往窦太后耳朵里灌。窦太后偏偏又喜欢黄帝、老子清静无为的学说，而魏其侯、武安侯、赵绾、王臧等人则努力推崇儒家学说，贬低道家学说，因此窦太后更加不喜欢魏其侯窦婴等人。到了建元二年（公元前139年），御史大夫赵绾请汉武帝不要把国家政事奏知窦太后，引得窦太后勃然大怒，罢免、驱逐了赵绾、王臧，同时又免去了窦婴和田蚡的职务，让柏至侯许昌做丞相，武强侯庄青翟做御史大夫。窦婴、田蚡从此以侯爵的身份在家闲居。

武安侯田蚡虽然没有任职，但因为王太后的缘故，仍然得到皇上的宠幸，多次议论的事情都能见效，所以那些趋炎附势的官吏和士人便都离开窦婴而投靠了田蚡，田蚡也更加一天天骄横起来。建元六年（公元前135年），窦太后去世，丞相许昌和御史大夫庄青翟因为没有办好丧事获罪，被免去官职。汉武帝起用武安侯田蚡做丞相，大司农韩安国做御史大夫。于是那些士大夫、郡太守以及诸侯们更加依附武安侯田蚡了。

武安侯田蚡这个人，长得虽然身材矮小，相貌丑陋，但生在权贵之家。他认为各诸侯王大多年长，皇上新近即位，年纪很轻，自己是以皇帝的外戚身份才做了丞相的，如果不狠狠地整整他们，让他们折节屈于己下，天下人是不会服气的。因此，那时候田蚡每次进宫向皇上报告政务，一谈就是大半天，千方百计地让汉武帝接受自己的意见。他把许多平民一下子推荐提升为二千石的高位，在不知不觉之中把皇帝的权力移到自己手里，甚至连汉武帝都忍不住问他："您委任的官吏完了没有？我也想任命一些。"田蚡还曾经要求把考工衙门[①]划归他建私宅。汉武帝愤愤地说："您怎么不把武器库也搬回家去！"这以后，田蚡才稍微收敛了一些。有一回他招集宾客喝酒，让他的哥哥盖侯王信朝南坐，他自己朝东坐，以此显示汉朝丞相的尊严，不能因为是兄长就私下里委屈自己。田蚡的私人生活越来越骄奢豪华。田蚡修建的住宅在所有诸侯中数第一。他的田地园林极其肥沃，采集各郡各县名贵器物的车马在大道上络绎不绝。他家的前堂排列着钟鼓，竖立着整幅玉帛制成的曲柄长幡，后房姬妾多得以百为单位来计算。王侯、郡县进献的金玉、狗马和赏玩器物数也数不清。

魏其侯窦婴没了窦太后做后台，更加被汉武帝疏远而不得重用。势力没有了，宾客们渐渐离他而去，以至对他怠慢起来，只有将军灌夫一如既往，对他没有改变原来的态度。魏其侯窦婴沉默不语，闷闷不乐，却单单对灌夫殷勤地厚待。

灌夫是颍阴县人。他的父亲叫张孟，曾经做过颍阴侯灌

① 考工衙门：少府所属的考工室，督造器械的官衙。

婴的舍人，受到宠爱，逐渐做到二千石级的官，所以改姓灌。吴、楚等七国之乱时，颍阴侯灌何担任将军，隶属在太尉周亚夫的部下。灌何推荐灌孟担任校尉，灌夫带着一千人与父亲同行。灌孟已经年老，是颍阴侯竭力向周亚夫推荐他，周亚夫才同意，所以他郁郁不得志，出战时常常冲击敌军的坚强阵地，最后战死在军中。汉朝军事法律规定，父子一起从军，一个死了，另一个可以护送死者的灵柩回乡。灌夫不肯这样做，慷慨激昂地说："我希望拿到吴王刘濞或其他将军的人头，来报杀父之仇。"于是，灌夫披上战袍，举着戈戟，召集军中愿意跟随他的勇士几十人，去攻打敌军。等走出营门以后，没有人敢往前冲，只有他和两个勇士以及十来个囚徒骑马冲进吴军，直冲到吴军将领的指挥旗下，杀死打伤几十人。再也不能前进了，才飞马跑回汉军营垒。等回到汉营一看，跟随他回来的，只有一名骑兵，其余全部战死了，他也身负十多处重伤，幸亏有名贵的创伤药救治，才得以不死。灌夫的伤稍稍好些，就再一次向将军请求："我深知吴军营中的底细，请让我再去一趟。"将军灌何被灌夫的英勇所感动，怕他战死，于是把这件事告诉了周亚夫，周亚夫坚决地阻止了他。叛军很快被消灭，灌夫从此闻名天下。【2】

颍阴侯灌何把灌夫的事迹说给皇上，皇上任命灌夫做了中郎将，但仅仅过了几个月，他就因为犯法丢了官。以后他在长安闲住，长安城中的大人物没有不称赞他的。汉景帝时，他曾做到了代国丞相。景帝去世，汉武帝即位后，认为淮阳郡是全国四面八方交汇的地方，也是强兵聚集的地方，需要

【2】

派一个勇将去那里，所以迁调灌夫担任淮阳郡太守。建元元年（公元前140年），由淮阳太守内调为太仆。第二年，灌夫与长乐宫长乐卫尉[①]窦甫一起喝酒，由于对一些问题意见不一致而争论起来。灌夫乘着酒兴打了窦甫。窦甫是窦太后的弟弟，汉武帝怕太后杀灌夫，就调他做了燕国的丞相。几年之后，他又由于犯法丢了官，回到长安闲住。

灌夫性情刚强豪爽，不爱当面奉承人，喝了酒就爱惹是生非，特别是对那些地位比他高的有权有势的皇亲贵戚，更是不愿多加礼敬，甚至凌辱他们；而对于地位在自己之下的士人，愈是贫贱的，就愈加尊重，以平等身份礼待他们，经常在众人面前，夸奖提拔晚辈，使他们因此得到光荣，他自己也因此为世人所推重。灌夫不喜欢文章经学，好打抱不平，凡是答应了人家的事，就一定要办到。与他交往的人，大都是一些杰出人士或者富于计谋的恶霸。他的家里积攒的财产值数千万金，食客每天达好几百人。为了垄断水利田地，灌夫的宗族在颍川一带毫无顾忌地横行霸道。颍川于是流传一首民谣：“颍水清，灌氏安宁；颍水浊，灌氏灭族。”

灌夫闲住在家，虽然家财万贯，然而失去了权势，达官贵人和宾客越来越少，门庭冷落。魏其侯窦婴失去官职以后，想借助灌夫去批判谴责那些趋炎附势、先巴结自己而后又抛弃自己的人。灌夫也想依靠窦婴去结交列侯和望族。因此两人互相援引，互相借重，往来亲密得如同父子一样，只恨彼此互相了解得太晚了。

有一次，灌夫因兄弟去世，身穿孝服，去访问丞相田蚡。

① 长乐卫尉：官名。掌长乐宫的警卫部队。品秩与九卿之一的卫尉相同。

田蚡随便说了句：“我准备和你一起去访问魏其侯，碰巧你身有孝服！”灌夫说：“丞相竟然肯亲自光顾魏其侯家，我怎么敢因身有丧服而推辞呢！请让我告诉魏其侯夫妇，让他们有所准备，您明天早些光临。”武安侯答应了。灌夫就把自己对武安侯田蚡说的话原原本本地告诉了魏其侯窦婴。窦婴夫妇当夜就打扫了房屋，预备了丰盛的宴席，直忙到天明。天刚亮，就命家臣在门外迎候，但直到中午，丞相也没有来。窦婴对灌夫说：“丞相是不是忘记了？”灌夫不高兴地说：“我不顾丧服在身应约，他也应当来。”即起身驾车，亲自去迎田蚡。丞相田蚡起初只是戏耍灌夫，根本无意前往，等灌夫进了丞相府，他还在睡大觉。于是灌夫进内室见丞相说：“您昨天答应过拜访魏其侯，他们夫妇已备办好酒食，从早晨到现在，没敢吃一点东西。”田蚡故作惊讶地道歉说：“我昨天喝醉了，恍恍惚惚忘记和你说的话。”说完才驾车往魏其侯窦婴家去，路上又走得很缓慢，灌夫更加生气。等到喝酒正高兴的时候，灌夫起身跳了一回舞，接着邀请田蚡，田蚡没有起身，灌夫就在酒席上用言语讽刺他。魏其侯窦婴把灌夫搀了出去，向田丞相道了歉。田蚡一直喝到晚上，尽欢离去。

田蚡曾经派籍福去向窦婴索取他在城南的田地。窦婴十分怨恨，说：“我虽然被弃而不用，田蚡虽然显贵，难道就能够仗势夺我的私产吗？”他没有答应。灌夫听说，发火骂了籍福。籍福不愿魏其侯、武安侯两人之间产生隔阂，就自己编了一套好话婉言劝说田蚡：“魏其侯年老，都是快要死的人了，您姑且忍耐等待一些时日吧。”后来武安侯田蚡听说了实际是魏其侯和灌夫心怀怨怒不肯让出田地，也发怒道："魏其侯的儿子曾经杀死人，犯了死罪，是我想法保住了他的命。我当初服侍魏其侯什么都肯干，他为什么吝惜这几顷地呢？再说灌夫凭什么也从中干预呢？算了，我以后不会再来求这几块地了！"武安侯从此十分怨恨魏其侯和灌夫。

元光四年（公元前131年）春天，武安侯田蚡向汉武帝说："灌夫的老家在颍川郡，灌氏家族横行不法，老百姓都被他们害苦了，请皇上治灌夫的罪。"汉武帝说："这是你丞相的事，何必请示我。"灌夫抓住了武安侯田蚡用不正当手段谋利，收受淮南王的贿赂以及泄露不当说的话等把柄。宾客们从中调解，双方的攻击才告停止，暂时和解了。

当年夏天，田蚡娶燕王的女儿做夫人，王太后诏令叫列侯和皇族都去祝贺。魏其侯窦婴去拜访灌夫，想和他一起去。灌夫推辞说："我多次在喝酒时得罪了田丞相，他最近又与我有私仇。"魏其侯说："那些事情都已经过去了。"竭力拉他一起去了。酒正喝到畅快的时候，武安侯田蚡站起来为宾客敬酒，客人们都离开自己的座位，伏在地上表示不敢当。轮到魏其侯窦婴敬酒，只有那些老朋友离开了座位，其余的人只是稍稍起身，半跪在席上。灌夫心里很不痛快，自己起身挨个敬酒。敬到田蚡面前时，田蚡欠起身说："不能喝满杯。"灌夫火了，嘲笑着说："您是贵人，喝足好了！"田蚡还是不肯。灌夫依次敬酒，到临汝侯灌贤面前，灌贤正在跟程不识附耳说话，又没有离开席位。灌夫没地方发泄怒气，就骂灌贤说："你平时诋毁程不识，说他不值一文钱，今天长辈向你敬酒，你却在和他学着女孩子的样儿叽叽咕咕地咬耳朵！”武安侯田蚡对灌夫说：“程将军和李广将军同是东西两宫卫尉，你今天当众侮辱程将军，难道就不顾及李将军，给他留点余地吗？”灌夫说：“今天就是砍我的头，穿我的胸，也在所不辞，还管什么程将军、李将军！”客人们一见势头不对，就纷纷托词说是上厕所，渐渐离去了。魏其侯窦婴也离去，并挥手让灌夫出去。武安侯田蚡大大地发火道：“这都是我让灌夫骄横的过错。”便命令骑士扣留灌夫，灌夫想出去也没有办法。籍福起身替灌夫道歉，并按着灌夫的脖子让他道歉。灌夫愈发生气，就是不肯道歉。田蚡便指挥骑士们捆住灌夫把他放到朝廷的馆舍，叫来丞相长史说：“今天招待皇族和列侯，是奉了太后的旨意。”命令长史弹劾灌夫大闹宴会，有意轻侮诏命，犯了不敬罪①，把他投入少府官署中。于是追查他以前的种种违法事情，派人分头追捕灌家的旁支亲属，都判了“弃市②”的罪名。魏其侯深感过意不去，出钱让宾客向武安侯田蚡求情，没有得到谅解。武安侯的属吏许多都是魏其侯的耳目，因此所有灌家的人都逃跑躲藏起来了，灌夫被押，于是不可能告发武安侯的秘密勾当。

魏其侯窦婴想要挺身而出营救灌夫。窦夫人劝道：“灌将军得罪了丞相，跟太后家作对，难道可以营救吗？”窦婴说：

① 不敬罪：亦称大不敬。中国古代指蔑视、侵犯皇帝尊严的一种罪名。旧制“十恶”之六。

② 弃市：中国古代死刑的一种。在闹市执行死刑，暴尸于众，以示耻辱。弃市是从殷周发展而来，汉、魏、晋、南北朝沿用。隋、唐以后不见于律，但斩、绞、凌迟都是在闹市行刑，暴尸于众，实际上仍是弃市。

“我的列侯爵位是由我挣来的，如今由我丢掉它，没有什么可后悔的！再说总不能让灌将军被杀，我一个人苟且活着。”于是瞒着他的家里人，偷偷地出去上书给汉武帝。汉武帝立即让他进宫，让他诉说。窦婴一五一十地讲灌夫因喝酒胡闹的事，但够不上杀头之罪。汉武帝认为他的意见是对的，留他在宫中吃饭，说道：“到东宫太后那里去辩论这件事吧。”

魏其侯窦婴前往长乐宫去见王太后，极力赞扬灌夫的长处，又说他因酗酒得罪了丞相，而田丞相却以别的事给他加罪名。武安侯田蚡则极力诋毁灌夫骄横放纵，他的罪行是大逆不道。窦婴料想斗不过，顺口说出了田蚡的短处。田蚡则反唇相讥：“如今幸而天下太平无事，我作为皇上的肺腑之亲，做了丞相。我所喜欢的也只是音乐、狗马、田宅而已，所爱好的只有歌舞演员、能工巧匠罢了。不像魏其侯和灌夫他们日夜招集豪杰壮士，跟他们随便议论国家大事，满肚子的怨恨，不是仰观天象就是俯首画地，在两宫之间窥测，希冀天下有变乱，他们就可乘机建功立业了。我倒不明白他们究竟是想干什么！”于是汉武帝问满朝文武两个人谁说得对。御史大夫韩安国说：“魏其侯说灌夫的父亲死于军中，灌夫亲自扛着大旗，举着画戟，策马进击吴国的叛军，身受重伤十多处，勇冠三军。灌夫是天下有名的壮士，只是酒中争强，没有大的罪恶，不应牵连别的过失而杀他。这些魏其侯说的是对的。田丞相说灌夫交结天下豪强，侵侮平民，家资巨万，在颍川横行无忌，凌驾于宗室之上，这就是人们所说的‘树枝大于树干，小腿比大腿还粗，那后果不是折断就是分裂’，田丞相说的也是对的。希望英明的皇上裁决这件事。”主爵都尉[①]汲黯认为窦婴说得对。内史郑当时先是说窦婴讲的情况对，后来又不敢坚持了。其余文武官员都不敢回答。汉武帝斥责内史说："你平常几次讲魏其侯和武安侯的长短，今天当庭辩论，又畏首畏尾，像车辕下的马驹。我把你们一起斩了！"随即起身罢朝，进入宫内侍候王太后进餐。王太后也已经派人打听了辩论的经过，听了以后，非常生气，连饭也不吃，对汉武帝说："如今我还活着，别人就竟敢糟蹋我的弟弟。倘若我死了，还不宰了他！而且你也不可能像石头人那样长生不死呀！他们随声附和你，只不过是你还活着，假使你百年之后，这帮人还能有可以信赖的吗？"汉武帝赔礼说："窦、田两家都是皇戚外家，所以才当庭辩白。不然的话，一个管刑狱的官吏就可以办了。"这时郎中令石建单独向皇上说明了两个人的事。

武安侯退朝出了止车门[②]，招呼御史大夫韩安国共同乘车，生气地对他说："和你共同对付一个老秃翁，你为什么那样畏首畏尾？"韩安国很久才对他说："丞相您怎么那么不自爱自重，魏其侯诋毁您，您就应当脱下丞相的衣帽，解下印绶回家，说：'我因为是皇上的亲戚，侥幸居于相位，本来是不能胜任的，魏其侯说得对。'这样，皇上一定看重你有谦让的美德而不废掉你。魏其侯必定感到惭愧，只好关紧门咬断舌头自杀。如今他诋毁你，你也诋毁他，就像商人、妇女吵嘴，多么不识大体啊！"武安侯道歉说："对，当时

① 主爵都尉：官名。原本是掌列侯之政的主爵中尉，景帝中元六年（公元前144年）改为主爵都尉。其后武帝太初元年（公元前104年）更名右扶风，治内史右地，遂为三辅之一的地方长官。

② 止车门：皇宫的外门。官员们上朝，到这里必须下马、下轿、下车，步行入宫。

争论太急躁，没有想到这样做。”

于是，汉武帝派御史按档案上记载的灌夫犯罪的情况追究，有很多情况与窦婴说的不相符合。魏其侯窦婴因此犯了欺君罔上的罪名，被弹劾、囚禁在都司空①的狱中。魏其侯窦婴在汉景帝临死时，曾经接受过遗诏，写道：“今后遇到有不利于你的事情，可以随机应变，把情况报告皇上。”如今灌夫被囚禁后，论罪应当灭族。情况一天比一天紧急，各公卿大夫们不敢对皇上进一步讲明情况。魏其侯窦婴就叫侄子上书汉武帝，说明遗诏的事，希望再次受到召见。上书呈交给了汉武帝，汉武帝命人清查宫内档案，并没有汉景帝的遗诏。遗诏只有一份藏在魏其侯窦婴自己家里，由他的家臣封存。于是指控窦婴犯了伪造遗诏罪，论刑应当弃市。元光五年（公元前 130 年）十月，灌夫及其家属全部被处死。窦婴很久才听说，听说后十分怨愤，患了中风病，想绝食而死。后来听说皇上并没有杀他的意思，又恢复饮食，决定不死了。而后果然传出消息说，朝廷议定不杀魏其侯了。但随后，有恶毒的流言蜚语传到了皇上耳朵里，因此在这一年的十二月底，将魏其侯窦婴在渭城处死了。【3】

当年②春天武安侯田蚡也病了，大呼小叫要认罪谢过。让能够看见鬼的巫师来看他，见魏其侯窦婴和灌夫一同守住田蚡，并要杀死他。不久，田蚡终于死去。儿子田恬继承了他的武安侯爵位。元朔三年（公元前 126 年），田恬因为穿着

① 都司空：官署名。属宗正。掌审理皇族和外戚犯罪案件或皇帝交办案件。

② 当时沿用秦历，以十月为一年之始，所以一年中第一季度为冬天，第二季度为春天。

【3】

非正式的朝服入朝，犯了不敬罪，被废除了封号。

后来淮南王刘安谋反被发觉。在追查这个案件时发现，有一次淮南王刘安进京朝拜汉武帝，武安侯田蚡到霸上迎接时对他说：“当今皇上没有立太子，您是高祖的亲孙子，又最贤良，等到皇上一死，不是大王您即位又能是谁呢？”淮南王大喜，送给武安侯丰厚的金银财物。汉武帝自从魏其侯窦婴和灌夫被杀时起，就怀疑武安侯田蚡有问题，只是有王太后在，对他无可奈何罢了。等听说了田蚡与淮南王勾结的事后，汉武帝说：“假使武安侯还活着，一定要灭他的族了！”

太史公说：魏其侯和武安侯都因为是外戚的关系而被重用，灌夫则因为一时的英勇而声名显赫。魏其侯被重用，是因为平定七国之乱，武安侯的显贵，是因为当时皇帝刚继位而王太后当政。但是魏其侯实在不通时事之变，灌夫又不学无术，且不谦逊，两人相互庇护，才有了后来的灾祸。武安侯空有富贵玩弄权势，因为酒桌上的一些争吵就构陷两位贤才。真是可悲！灌夫迁怒他人导致自己的性命也不久了，由于不受众人的拥护，竟然被恶语所伤。真是可悲！由此可以知道灾祸的来源了！

## 知识拓展

**不直一钱**

释义：毫无价值。比喻无能或品格卑下。

出处:《史记·魏其武安侯列传》:“夫无所发怒，乃骂临汝侯曰：‘生平毁程不识不直一钱，今日长者为寿，乃效女儿呫嗫耳语。’”

**相提并论**

释义：把不同的人或事不加区别地放在一起谈论或同等地看待。

出处：《史记·魏其武安侯列传》：“相提而论，是自明扬主上之过。”

**使酒骂座**

释义：酒宴上借酒使性、辱骂同席的人。

出处：《史记·魏其武安侯列传》记灌婴事。

**相见恨晚**

释义：只恨相见得太晚。形容一见如故，意气相投。

出处：《史记·魏其武安侯列传》：“两人相为引重，其游如父子然。相得欢甚，无厌，恨相知晚也。”另见于《史记·平津侯主父列传》：“书奏天子，天子召见三人，谓曰：‘公等皆安在？何相见之晚也！’”

# 史记卷一百零八

# 韩长孺列传

扫描二维码
阅读本篇原文

## 韩安国　梁孝王　汉景帝　田甲　公孙诡　羊胜

御史大夫韩安国，是梁国成安县人，后来移居到了睢阳县。他曾经在驺县田先生那里学习《韩非子》和杂家[①]的学说，给梁孝王办事，官至中大夫。吴、楚等七国叛乱时，梁孝王派韩安国和张羽为将军，在国界东部抵抗吴、楚叛军。张羽奋力作战，韩安国稳健地防守，因此，吴、楚叛军就是过不了梁国。吴、楚叛乱被平定了，韩安国、张羽二人也从此声名大振。【4】

梁孝王是汉景帝的弟弟，深得窦太后的喜欢，让他自己请求任命丞相和二千石级的官员。梁孝王出入京城、到处游猎，简直和天子一样，汉景帝听说后，心里很不高兴。窦太后知道皇上不高兴，就把怒气撒在梁国使者身上，不接见他们，并查问责备梁孝王的行为。韩安国做梁国使者，就去晋见大长公主[②]，哭着说："为什么梁王作为儿子孝敬父母，作为臣子效忠皇上，但得不到太后的理解呢？先前吴、楚等七国叛乱，自函谷关以东都联合起来西进，朝廷的形势非常艰难。只有梁国和朝廷最亲，梁孝王一想到太后、皇帝在京都，

---

① 杂家：战国末至汉初折中和糅合各学派思想的一部分学者。《汉书·艺文志》列为"九流"之一，并指出这派人物"兼儒墨，合名法"的特点。代表性著作有《吕氏春秋》。汉初的《淮南鸿烈》，虽以道家思想为主，一般也认为它是杂家著作。

② 大长公主：汉制，皇帝姑母称大长公主。此系指刘嫖，亦即堂邑大长公主。

而诸王扰乱，就流泪不止，下跪送我们六人出征，率军击退吴、楚叛军，吴、楚叛军由此不敢西进，直至最后被彻底消灭。说起来这都是梁王的功劳啊！现在太后却在小节问题上对梁王大加责备。梁王的父兄都是帝王，从小见到的都是大场面，出入警戒，禁止人们通行，也在情理之中。再说梁王的车骑都是皇上赏赐的，让车马奔驰国中，就是想用这些炫耀于边远小县，炫耀于诸侯之间，使天下的人都知道太后、皇上疼爱他。现在梁国使者来到，就受到责问，梁王十分恐惧，不知所措，日夜哭泣思念太后、皇上。为什么梁王这么孝敬父母，忠于皇上，太后反而不怜惜呢？”大长公主把这些话全部转告给窦太后，窦太后高兴地说：“把这些话告诉皇上。”汉景帝听了这些话，心里的疙瘩才解开，摘下帽子向太后认错说：“我不能很好地教导兄弟，给您增添忧愁了。”于是接见了梁国的全部使者，丰厚地赏赐了他们。从这以后梁孝王更加受太后和汉景帝的宠爱了。窦太后和大长公主赏给了韩安国价值千金的财物。韩安国的名声也从此更加显著，跟朝廷有了联系。

后来，韩安国由于犯法被判罪，蒙县监狱的官吏田甲待他很不好，经常侮辱他。韩安国说：“死灰难道就不能复燃了吗？”田甲说：“燃起来就撒泡尿把它浇灭。”过了不久，梁国的内史职位空缺，汉朝就派遣使者来任用韩安国做内史。于是韩安国一下子从囚徒升到了二千石级的官员，田甲吓得逃跑了，韩安国放出话说：“田甲如果不返回岗位，我就要灭他的全族。”田甲便脱衣露体前去给韩安国赔罪，韩安国笑着说：“现在你可以撒尿了！你们这些人值得计较吗？”以后仍然友好地对待他。

在梁国内史职位空缺的时候，梁孝王新认识了一个齐国人公孙诡，很喜欢他，打算请求朝廷任命他为内史。窦太后听到了，于是就命令梁孝王任命韩安国做内史。

公孙诡、羊胜劝说梁孝王向汉景帝请求做皇位继承人并增加封地。他们又恐怕汉朝大臣们不听，就派人暗杀朝廷当权的谋臣。等到吴国原丞相袁盎被刺杀，汉景帝终于知道了公孙诡、羊胜等人的阴谋，于是派使者捉拿他们，并下令一定要捉到。但汉朝连续派了十批使者到梁国，从丞相以下进行全国大搜查，一个多月都没有捉到。内史韩安国听说公孙诡、羊胜等人藏匿在梁孝王处，就进府会见梁孝王，哭着说：“君王受到耻辱，臣子就应当死去，如今大王没有贤良的臣子，所以才闹出这样的大乱子。现在公孙诡、羊胜捉不到，我请求与您诀别，赐我死去。”梁孝王说：“难道事情能严重到如此地步吗？”韩安国眼泪纷纷落下，说：“您想想自己与当今皇上的关系，能比得上太上皇①与高祖、当今皇上与临江王刘荣亲密吗？”梁孝王说：“比不上。”韩安国又说：“太上皇与高祖及当今皇帝与临江王是父子关系，可是高帝说‘拿着三尺宝剑斩蛇起义夺取天下的是我啊’，所以太上皇始终不得决定政务，住在栎阳。临江王原是嫡长太子，只因为一句话的过错，就被废为临江王，后来又因为侵占宗庙地修建宫室，在中尉府里自杀。这都是为什么？因为治理天下终究不能因为私情而扰乱公事。常言说：‘虽然是亲生父亲，怎么会知道他不会变成老虎？虽然有亲兄弟，怎么会知道他不会变成恶狼？’现在大王位在诸侯之列，竟然赏识一个邪恶臣子的空言浮语，而去违反朝廷的禁令，扰乱法纪。当今皇上因为太后的缘故，不忍心用法律制裁您。太后现在日夜哭泣，希望您改过自新，而您却一点都不醒悟。如果太后百年之后，大王您还能依靠谁呢？”话未说完，梁孝王的眼泪已经纷纷落下，十分抱歉地对韩安国说：“我现在就交出公孙诡和羊胜。”于是公孙诡、羊胜自杀了。汉朝使者回朝报告了情况，梁国的事情就平息了，这都是韩安国的功劳。从此，汉景帝、窦太后更加看重韩安国。后来梁孝王去世，梁共王即位，韩安国因为犯法丢了官职，闲住在家里。

建元年间，武安侯田蚡做了汉朝太尉，很受宠幸，掌握了大权，韩安国便送给他价值五百金的礼物。田蚡于是经常

---

① 太上皇：简称上皇，指皇帝的父亲。秦始皇追尊其父秦庄襄王为太上皇，始有此称呼。此处指刘邦的父亲刘太公。

向王太后提到韩安国，新皇上汉武帝也向来听说过他的贤能，就把他召来任为北地都尉，以后又调任大司农。闽越、东越互相攻伐，韩安国和大行王恢带兵出征，还没到达越地，闽越就杀死他们的国君投降了汉朝，汉军也就罢兵回朝了。建元六年（公元前 135 年），武安侯田蚡做了丞相，韩安国做了御史大夫。

匈奴到汉朝来请求和亲[①]，汉武帝让群臣发表意见。王恢是燕地人，多次做过边郡的官吏，熟悉匈奴的情况。他说："匈奴与汉朝和亲，过不了几年他们就要背弃盟约。不如拒绝他们，而发兵攻打。"韩安国说："到千里外去作战，军队不能取得胜利。现在匈奴仗着军马充足的优势，怀着禽兽一样的野心，往来迁移如同飞鸟难以捉摸，很难在短时间内制服他们。再说我们即使得到他们的土地，也不算是扩大汉朝的领土；得到他们的百姓，也不能使我们强大。自上古以来，他们就不是我们的人。汉军到几千里外去争夺利益，人马劳顿，敌人就会以全面的优势来攻击我们的弱点。况且强弩发射的箭飞行到最后，连鲁地所产的薄绢也穿不过去了；猛烈的风到了末尾的时候，连鸿毛都吹不起来。并不是开始不强劲，而是到了最后力量衰竭。进攻不便，不如和亲。"群臣中的多数都附和韩安国，于是汉武帝决定对匈奴和亲。【5】

第二年，也就是元光元年（公元前 134 年），雁门郡的马邑城豪绅聂翁壹通过大行王恢向汉武帝进言说："匈奴刚刚与汉朝和亲，比较信任边境居民，可以用财物去引诱他们。"

---

① 和亲：指汉族建立的王朝与其他少数民族统治集团之间或少数民族统治集团之间结亲和好。这种通婚一般都具有很强的政治目的。

汉武帝同意了，暗中派聂翁壹潜入匈奴做间谍。聂翁壹逃到匈奴，对单于说："我能斩杀马邑城县令、县丞等官吏，献城投降，那里的财物您可以全部得到。"单于非常喜欢他，并且信任他，认为他的话可以实现，就答应了。【6】聂翁壹回到马邑后，找了几个囚犯做县令、县丞等官吏的替身，把他们杀死并把他们的头悬挂在城楼上，让单于的使者看，说："马邑城里的官吏已经死了，可以速派兵来。"单于听到消息，亲率十多万骑兵越过边关进入武州塞。

这时候，汉朝将战车、骑兵、步兵三十多万埋伏在马邑城边的山谷中。卫尉李广担任骁骑将军①，太仆公孙贺担任

① 骁骑将军：将军名号。后世称属于这一类将军为杂牌将军，不常设置，战时才授予，战毕就罢免。后面的轻车、将屯、材官、护军等名号皆属此类。

轻车将军，大行王恢担任将屯将军，太中大夫李息担任材官将军，御史大夫韩安国担任护军将军。各位将军都隶属于护军将军统领，约定在单于进入马邑城后全线出动。王恢、李息、李广带兵，从代郡攻击匈奴的粮草辎重部队。匈奴单于进入武州塞，行进到距马邑城一百多里，进行抢劫，只见牲畜放牧在野外，不见一个人，感到很奇怪，就攻打报警的烽火台，捉到了武州尉史①询问尉史。尉史说："汉军有几十万人埋伏在马邑城旁。"单于环顾左右说："差一点儿被汉朝人出卖了。"就带领军队回去了。出了边塞说道："真是老天爷送给我那个尉史啊！"于是封那个尉史为"天王"。汉军听说匈奴已经退去，就追到边塞，估计追不上，即罢兵回撤。

① 尉史：官名。边郡负责巡逻的低级武官。

王恢等部队三万人，听说汉军没跟匈奴交战，估计如果和匈奴后勤部队接战，一定会引来单于的精兵，汉军一定会失败，则以大将在外便宜行事的原则退兵了。这次军事行动，汉军徒劳无功。

汉武帝十分恼怒王恢不出击单于的辎重部队，擅自领兵退却。王恢辩解说："开始约定匈奴进入马邑后汉军出击，而后我率部队攻打他们的辎重部队，可以取得胜利。后来单于没有到达马邑就回去了，我觉得我们三万人敌不过匈奴军队，如果交战，只会招致耻辱。我原知道回来后会被杀，然而可以保全陛下的三万人马。"汉武帝把王恢交给廷尉，廷尉判决王恢避敌观望不前，按律当斩。王恢私下给了丞相田蚡一千金。田蚡不敢向汉武帝进言，而向太后说道："是王恢首先建议了马邑军事行动，如果今天因为未取得成功而杀了他，正是为匈奴报仇啊！"等武帝来向太后请安，太后就把这些话告诉了汉武帝，汉武帝说："王恢首先倡导马邑军事行动，所以才动员天下士兵几十万，听了他的话，办了这件事。他当时如果进攻匈奴的辎重部队，即使捉不到单于，还会有别的收获，以安慰将士们的心。现在不杀王恢，无法向天下人交代。"王恢听到这话，料难活命，就自杀了。

韩安国为人有远大的谋略，其才智足以纵横驰骋于政治舞台，并且存心忠厚。虽然太贪嗜财物，然而他所推荐的都是廉洁的士人，贤达胜过他自己。他在梁国的时候推荐了壶遂、臧固、郅他，都是天下名士，士人们因此都称道他，就是皇上也认为他是国家的栋梁之材。韩安国担任御史大夫有四年多，丞相田蚡死去的时候，汉武帝让他代理丞相职务。但他在为天子引导车辆时跌下车来，跌坏了脚，汉武帝商议选丞相，有心任用韩安国，便派使者去看望他，回报说他脚跛得很厉害，于是改用平棘侯薛泽做了丞相。韩安国养了几个月，脚就好了，汉武帝又用他做中尉，一年多后，调任卫尉。

车骑将军卫青反击匈奴，从上谷出塞，在茏城打败了匈奴。将军李广被匈奴俘虏，后又逃脱，公孙敖损失了大批人马。按律他们都犯了死罪，他们花钱赎罪降为平民百姓。第二年，匈奴大举侵入边境，杀了辽西太守，等到侵入雁门，又杀死和掳去几千人。汉武带派车骑将军卫青领兵出击，从雁门出塞。卫尉韩安国担任材官将军，驻防渔阳。韩安国捉到俘虏，俘虏供说匈奴已经远远离开了。韩安国随即上书汉武帝，说现在正是耕种季节，可以撤去驻防部队。撤军后一个多月，匈奴又大举侵入上谷地区和渔阳地区。当时韩安国的军营中只有七百多人，出营与匈奴作战，不能取胜，就回到营中。匈奴掳掠一千多人和大批牲畜而离去。汉武帝听到这个消息，发怒了，派使者责备韩安国。把韩安国往东调动，屯军在右北平，这时俘虏的匈奴说不久匈奴将要入侵东方。【7】

韩安国开始担任御史大夫和护军将军，后来渐渐被疏远，贬官降职，而新近受宠幸的少壮将军卫青有功，一天天尊贵起来。韩安国被疏远后无声无息，默默无闻，率兵屯防又被匈奴欺诳，损失牺牲很多，甚是惭愧。幸而免罪归职，又迁移到更远的东方屯卫，郁郁不乐。就在他调往右北平的几个月后，发病呕血，于元朔二年（公元前127年）年中去世。

太史公说：我曾经和壶遂一起制定乐律和历法，见过韩长孺的得体行事，壶遂的深沉中有厚重。人们常说的梁国多有年长的人，真的不是虚言！壶遂做官做到了詹事，皇上刚让他做了宰相，他就去世了。不然，以壶遂的廉洁和谨慎，是一个鞠躬尽瘁的君子了。

## 知识拓展

**死灰复燃**

释义：原比喻失势的人重新得势。现常比喻已经消失了的恶势力又重新活动起来，含贬义。

出处：《史记·韩长儒列传》：“安国曰：‘死灰独不复然乎？’田甲曰：‘然即溺之。’”

**强弩之末**

释义：强弩所发的弓箭已达射程的最远处，比喻强大的力量已经衰竭。

出处：《史记·韩长孺列传》：“且强弩之极，矢不能穿鲁缟。”

# 史记卷一百零九

# 李将军列传

扫描二维码
阅读本篇原文

## 李广　汉武帝　卫青　霍去病　李陵

李将军，名广，是陇西郡成纪县人。他的祖先叫李信，战国时是秦国的将领，追获刺杀秦王首谋者燕太子丹的就是他。李广祖上原先住在槐里县，后来才迁移到成纪县。李广家世世代代学习射箭。汉文帝十四年（公元前166年），匈奴大举侵入汉朝的萧关，李广这一年以良家子弟的身份从军抵抗匈奴，由于擅长骑射，作战又勇敢，杀死、俘虏的敌人很多，做了汉朝的中郎。李广的堂弟李蔡也做了郎官，两人又都从中郎补为武骑常侍①，每年的俸禄八百石。李广曾经跟着汉文帝出行，有冲锋陷阵，抵御敌人和与猛兽格斗的事迹。因而汉文帝说："可惜呀，你生不逢时！假使你处在高祖那个时代，封个万户侯那还不容易吗！"

等到汉景帝刚即位，李广担任陇西郡的都尉，而后调任骑郎将②。吴、楚等七国反叛时，李广任骁骑都尉③跟随太尉周亚夫抗击吴楚军队，在昌邑城杀败叛军，夺得旗帜，功绩卓著，梁孝王私自授给他将军职衔，回京之后，李广就没有得到汉景帝的封赏，调他做上谷太守。匈奴每天与李广交锋作战，典属国公孙昆邪（hún yé）哭着向汉景帝说："李

---

① 武骑常侍：郎官的加衔。

② 骑郎将：郎官有户、车、骑三将，秩皆比千石，骑郎将，即其中之一。

③ 骁骑都尉：都尉的冠号。率领骁骑的都尉。

广的才能和气魄，天下无双，他依靠着自己的勇猛，屡次与匈奴正面作战，我怕损失了这员大将。”于是皇上调李广任上郡太守。后来李广又辗转在边疆几个郡做过太守，曾经担任过陇西、北地、雁门、代郡、云中等郡太守，无论在哪个郡，李广都因英勇善战而出名。

李广做上郡太守时，匈奴大举侵入上郡，汉景帝派中贵人①跟随李广，统帅训练士卒，抗击匈奴。一次，中贵人带着几十名骑兵纵马驰骋，看见了三个匈奴人，就跟他们交了锋。那三个匈奴人返身射箭，射伤了中贵人，其余的几十人几乎被杀光。中贵人奔逃到李广跟前诉说经过，李广说：“一定是射雕的能手。”于是带了一百多人去追赶

① 中贵人：宫中受宠幸的宦官。这些人往往居中恃宠而贵，非有德望可说，故其姓名不显。

那三个人。那三个人无马匹，徒步行走，走了几十里。李广命令他的骑兵左右散开，而他自己亲自射那三个人，杀死其中的两个，活捉一人。回头一问，果然是匈奴射雕的人。【8】刚把活捉的一个绑在马上，就看见来了几千名匈奴的骑兵。他们看见了李广，以为是引诱他们上当的骑兵，都起了戒心，爬上山头布置阵地。跟着李广的一百多名骑兵全都大为惊慌，想飞马往回跑。李广对他们说："我们离大军几十里远，现在就这样逃走，匈奴兵追赶射杀我们。我们全都会立即完蛋。如果我们留下不走，匈奴人一定会以为我们是为大军做诱饵引他们上当的，一定不敢攻打我们。"于是李广命令众骑兵说："前进！"一直走到匈奴阵前约二里远的地方才停下，又命令说："全部下马，把马鞍子卸掉！"手下的骑兵说："匈奴兵这么多，而且又离得这样近，万一有个紧急情况怎么办？"李广说："那些匈奴人以为我们会逃跑，现在我们不但不逃，反而下马解鞍，表明我们不走。我们这样做，一定会坚定他们以为我们是诱兵的错误判断。"于是匈奴的骑兵始终不敢来攻击。有个骑白马的匈奴将领出阵来监护他们的队伍，李广骑上马带着十来个骑兵，一面奔跑一面放箭，射死了那个匈奴将领，然后又回到自己的队伍中，解下马鞍，命令士兵全都把马放了，随便躺下休息。这时恰好天色将黑，匈奴兵始终捉摸不透，不敢贸然发动进攻。半夜里，匈奴人又以为汉朝有埋伏的军队想从两翼夹击他们，就带着兵全退走了。天刚亮，李广及骑兵就回到了大军中。大军本部并不知道李广所去的方向，所以没有发兵接应。

过了很久，汉景帝驾崩[1]，汉武帝继位。武帝身边的人都说李广是当今名将，应该加以重用，因此，汉武帝把李广从上郡太守的任上召回京城，任命他为未央宫卫尉，同时还任命程不识为长乐宫卫尉。程不识和李广从前都是以边郡太守的身份率领军队驻守边防的。等到出兵打仗攻击匈奴时，李广行军从没有严格的队伍编制和行列阵势，找到有水有草的地方就驻扎下来。他的部队宿营时，人人自便，晚上不用敲刁斗[2]巡逻，将军办公机构的人员书写公文、登记造册一概简化从事，但是他在远处布置了侦察岗哨，一直没遇到过什么危险。程不识带兵很严格，整顿编制和军规，晚上敲刁斗巡逻，军官办理事务处理文件非常仔细严明，军队得不到休息，他这样做也没遇到什么危险。程不识认为："李广治军十分简易，军队也很随便。但如果敌人发动突然袭击，他是无法招架的。他的士兵也都安逸快乐，都乐于为他冒死作战。我的军队虽然紧张严格，然而敌人却不敢来侵犯我们。"当时李广、程不识都是汉朝边郡名将，但匈奴最畏惧李广的谋略，士兵也都喜欢跟随李广而苦于跟随程不识。程不识在汉景帝时以多次直言劝谏做了太中大夫。他为官廉洁，谨守法度。

后来汉朝用马邑城引诱单于，将大军埋伏在马邑附近的山谷中。当时李广担任骁骑将军，受护军将军韩安国的统领。后来单于发觉了汉军的意图，引兵退走，汉军无功而返。马邑军事行动的第四年，即元光六年（公元前 129 年），李广

---

① 驾崩：即皇帝去世。古时称帝王的车乘为驾，亦专指帝王。古时称帝王死去为崩，犹如"山陵崩"之意。

② 刁斗：铜锅，犹如现在的行军锅，能盛粮一斗。白天用来煮饭，晚上敲着巡逻。

以卫尉调任将军，率领军队出雁门关抗击匈奴，匈奴兵多，打败了李广的军队，活捉了李广。匈奴单于平时经常听说李广的贤能，曾经下命令说："必须捉到活的李广送到我这里来。"这次匈奴兵捉到李广时，他身负重伤。匈奴兵在两匹马之间结成一个大网，让李广躺卧在里边。走出去十几里，李广装死，瞥见身旁有个少年匈奴骑兵骑着一匹好马，李广瞅准机会突然跃起，跨上少年匈奴的马，顺势推下少年，拿了他的弓，扬鞭催马向南奔驰好几十里，又收拢了他的残余部队，带领他们进了雁门关。【9】匈奴数百名骑兵追击，李广一边撤退一边用匈奴少年的弓向他们射箭，因此得以脱险回到朝廷，朝廷将李广交给法官处理。法官判决李广损失部队人马众多，自己又被活捉，应当斩首。李广出钱赎罪免职，降为平民百姓。【10】

李广闲居在家，转眼间几年过去了。李广常和退职隐居住在蓝田县的前颍阴侯灌婴的孙子灌强到南田山打猎。有一天夜里，李广带着一个骑兵外出，跟别人在乡间饮酒。回来到了霸陵亭，恰好霸陵尉①喝醉了酒，便大声呵止李广，不让他通过。李广的骑兵说："这就是从前的李将军。"霸陵尉说："现任的将军尚且不能在夜间通过，何况又是从前的李将军！"于是把李广扣留，宿在驿亭中。过了不久，匈奴大举入侵，杀死了辽西太守，打败了韩安国将军，韩安国调到了右北平。于是，汉武帝任命李广为右北平太守。李广立即要求霸陵尉与自己一同去，到了军中就把他杀了。

李广镇守右北平，匈奴听说了，称之为"汉之飞将军"，

① 霸陵尉：官名。即霸陵县的县尉。县尉，县令或县长的主要助手，大县二人，小县一人。掌治安，捕盗贼。秩二百石至四百石。

躲避他几年，都不敢到右北平侵犯。

一次，李广外出打猎，误将草中的石头当成老虎，张弓搭箭，弓弦响处，箭头射进了石头里。走近一看，原来是块石头，接着又连射几箭，却再也不能射进去了。李广一听说居住的郡中有老虎，常常亲自去射杀。等到驻军到右北平，在一次射虎时，虎腾起来扑伤了他，他最终也把老虎射死了。

李广为人廉洁，平时得到赏赐总是分给部下，吃喝与士兵在一起。做了四十多年二千石级的官，家中没有多余的财物，始终不谈置家产的事。李广身材高大，臂长，灵活得像猿一样，因此他擅长射箭也具有天赋。他的子孙或别人向他学习射箭，都不能达到他那样纯熟的程度。李广由于口拙，不大说话，和别人在一起时就在地上画军阵，或者射箭比远近，输了的罚喝酒。专以射箭为游戏的这个习惯，一直保持到他去世。李广带兵每逢到了缺粮断水的地方，发现了可饮的水，只要士兵们没有全部喝到，他不沾一滴水；发现了可吃的东西，只要士兵们没有全部吃到，他不吃一点食物。李广对部下宽松不苛求，士兵因此十分爱戴他，乐于为他效力。他的射法，是看见敌人逼近，非在几十步之内不可，而且估计箭不中不发箭，箭发出去就必须使敌人应声而倒。就是因为这个缘故，他领兵出战，几次遭到围困，射杀猛兽也被猛兽所伤。

过了不久，郎中令石建去世了，于是汉武帝征召李广接替石建做郎中令。元朔六年（公元前 123 年），李广又作为后将军，跟随大将军卫青率军出定襄郡，抗击匈奴。当时跟随卫青出征的将领，许多都因斩杀、俘虏敌人达到朝廷行赏加封的标准而被封为列侯，而李广的军队没有功劳。又过了两年，李广以郎中令的身份率领四千骑兵出右北平郡，博望侯张骞率一万骑兵与李广一起行动，两人分别从两路前进。前进了约有几百里，匈奴的左贤王[1]带领四万骑兵包围了李广的军队。面对十倍于己的敌军，李广手下的军士全都惊恐不安，李广就命令他的儿子李敢快马冲击敌人。李敢独自带了几十名骑兵飞驰而去，一直穿过匈奴骑兵的包围圈，从匈奴军阵左右两翼冲回自己的阵地，向李广报告说："匈奴容易对付。"士卒们这才安定下来。李广命令全军布成圆形的阵势，所有的人都面朝外。匈奴兵急速地攻击李广的军队，箭像雨点一样落下来，李广军死的人过了半数，箭也快要用完了。李广就命令士卒们拉满了弓准备着，但不要放出去，而他自己亲自用大黄弩[2]射杀匈奴的偏将，连续射死好几个人，匈奴的攻势渐渐松懈下来。这时天色晚了，李广手下的官兵全都脸色苍白，没有了活人的样子，唯独李广神态自如，逐渐整顿好队伍。全军官兵自然是十分佩服他的英勇。第二天，又竭力奋战，博望侯张骞的军队也赶到了，匈奴军才退走。汉军疲惫不堪，所以无力追赶。李广几乎全军覆没，只得收拾残兵回营。按照汉朝的法律，博望侯张骞误了军期，当判死刑，他出钱赎罪，降为平民。李广的军功和罪责相当，既没有处分，也没得到封赏。

当初，李广与堂弟李蔡一起在汉文帝手下做事。汉景帝

---

① 左贤王：匈奴官名，匈奴分左、中、右三部，单于领中部，左贤王领东部，右贤王领西部，左、右贤王俱由单于子弟或亲近贵族担任。

② 大黄弩：弓名，又称黄肩弩。因体大色黄，故名。是当时射得最远的弓弩。

时，李蔡积聚功劳升至俸禄为二千石级的官。汉武帝时，李蔡升为代国的丞相。元朔五年（公元前124年），以轻车将军的职衔跟随大将军卫青打击匈奴右贤王，斩杀、俘虏敌人达到了朝廷封赏的标准，受封为乐安侯。元狩二年（公元前121年）中，接替公孙弘做了丞相。李蔡为人的品格在下等之中，名声也差李广很远，然而李广没有得到爵位和封邑，职务只到九卿。李蔡却被封为列侯，职位达到三公。就连李广部下中的许多军官和士卒也得到封侯。李广曾经就此事与有名的望气①家王朔闲谈，他说："自从汉朝抗击匈奴以来，我没有哪一次不参加，我的部下校尉以下的军吏，才能够不上中等，却以抗击匈奴立功封侯的有几十人之多。而我李广不能算是落在人家后面吧，但却没有些许功劳去取得封地，这是为什么呢？难道是我的面相不该封侯？还是命中注定？"王朔问："将军想一想，您难道曾经做过什么值得悔恨的事吗？"李广说："我过去做陇西太守时，羌族曾经起兵反汉，我用计策诱骗他们投降，投降的有八百多人，我假装同意他们投降而在同一天把他们都杀了。直到今天，我心中十分悔恨的就是这件事。"王朔说："最大的灾祸莫过于杀掉已经投降的人，这就是您不得封侯的原因啊！"

两年后，大将军卫青、骠骑将军霍去病率领军队大举出击匈奴。李广屡次请求随行，汉武帝认为他年老了，不答应。过了许久才同意他去，任命他为前将军，隶属于大将军卫青。这一年，是元狩四年。

李广随大将军卫青抗击匈奴出了边塞之后，卫青从俘

① 望气：望云气附会人事，占卜吉凶。中国古代社会一种迷信职业。

虏口中得知了匈奴单于的去向，就亲自率领精锐部队去追赶。而命李广所部与右将军赵食其所部合并，从东路出击。东路稍微迂回绕远，同时，大军行经的地方水草少，不利于聚集行进。李广亲自请求说："我是部队的前将军，如今大将军却命令我与右将军合并出东道！我从小就同匈奴作战，今天才得到机会碰上单于，我愿意做先锋，跟单于决一死战。"大将军卫青私下受过汉武帝的告诫，认为李广年纪大，运气不好，不要让他和单于正面对战，不然的话，恐怕不能取得所追求的胜利。而这时公孙敖新近失掉侯爵，担任中将军跟随大将军，大将军卫青也想为他创造机会，随同自己一起正面出击匈奴，因此调开了前将军李广。李广当时也知道这些内情，坚决拒绝调动。大将军卫青不听，命令长史下一道军令给李广的幕府，说道："赶快到所在军部去，照文书所说的办。"李广没有辞别大将军卫青就出发了，十分恼怒地到达指定的军部，带领自己的部队与右将军赵食其的部队一并出东道。结果由于没有向导，迷失了道路，耽误了与大将军卫青会合的日期。大将军卫青率部与单于交战，单于逃跑，汉朝大军不能捉到他，只得回师。大军向南渡过沙漠，才碰见前将军李广和右将军赵食其。李广拜见大将军后回到自己的军中。大将军卫青派长史拿着酒饭送给李广，顺便问了部队迷失道路的情况，以便向朝廷申报。李广没有回答，大将军卫青就派长史迫令李广的僚属前来受审。李广说："众校尉没有罪，是我自己迷失了道路，我现在亲自去你们那里听候审问。"【11】

李广回到自己的部队，对跟随自己的部下说："我李广

从年轻的时候起就与匈奴作战，经历大小战斗七十多次。今天有幸跟随大将军正面抗击匈奴军队，可是大将军又调我与右将军合并，行军路线绕远，又迷失了方向。这难道不是天意吗？况且我年纪已经六十多岁了，终究不能再受刀笔吏①的侮辱了！”说完，拔刀自刎了。李广所部全都哭了。老百姓听到李广自杀的消息，不论熟识的和不熟识的，年轻的还是年老的，也都为他流泪。右将军赵食其被单独送交法官，判处死刑，出钱赎罪，降为平民。

李广有三个儿子，名叫李当户、李椒、李敢，都在朝中做郎官。一次，汉武帝与韩嫣戏耍，韩嫣稍微有些放肆，李当户打了韩嫣，韩嫣跑掉了。于是汉武帝认为李当户勇敢。

① 刀笔吏：管理文书官员的泛称。古代在竹简上记事，以笔书写，以刀削误，文书官员经常使用这两种工具，故名。

李当户死得早，汉武帝就授给李椒代郡太守的官职。李当户、李椒全都先于李广去世。李当户有个遗腹子，名叫李陵。李广自杀时，李敢正跟随骠骑将军抗击匈奴。就在李广死的第二年，他的堂弟李蔡做丞相因侵占景帝陵园外面的空地犯了罪，交给法官治罪，李蔡不愿听审下狱，也自杀了，封国被废除。李敢以校尉职务跟随骠骑将军霍去病抗击匈奴左贤王，奋力作战，夺取左贤王的旗鼓，斩杀、俘虏敌人很多，汉武帝赐他为关内侯，食邑二百户，接替李广任郎中令。不久，李敢怨恨卫青让他的父亲在军中含恨而死，便打伤了他。大将军卫青则隐瞒了这件事。过了不多久，李敢随从汉武帝到雍县，后来又到甘泉宫打猎。骠骑将军霍去病与大将军卫青是亲戚，就射死了李敢。当时霍去病正在显贵受宠，汉武帝隐瞒李敢被杀，而宣称李敢是在打猎时被鹿撞死。过了一年多，骠骑将军霍去病也死了。李敢有个女儿做太子刘据的中人[①]，被太子宠爱，有个儿子李禹也被太子宠爱，然而他们都贪图财物。李氏家族的声望逐渐就颓败不振了。

（以下疑为后人所补）

李陵成长到了壮年，被选拔为建章监[②]，监护率领众骑兵。李陵擅长射箭，爱护士兵。汉武帝认为李家世代带兵，就让他率领八百骑兵。他曾经深入匈奴境内二千多里，经过居延边塞观察地形，没有发现敌人，就回来了。又被任命为骑都尉[③]，带领丹阳郡的楚兵五千名，驻扎在

---

① 中人：没有位号的宫中姬妾。

② 建章监：官名。监督建章营羽林骑郎的长官。属郎中令所管。

③ 骑都尉：官名。负责掌管羽林军的高级武官。秩二千石。

酒泉、张掖两地，教他们射箭，防备匈奴。

几年后，天汉二年秋天，汉武帝派贰师将军[①]李广利率领三万骑兵到祁连山攻打匈奴右贤王，而派李陵率领五千名步兵射手，越过居延海以北大约千余里，想以此分散匈奴的兵力，不让他们集中力量攻击贰师将军李广利。李陵已经到了约定的回师日期，而单于用八万兵力围攻李陵的军队，李陵只带了五千人，箭已用完，士卒死伤大半，而所杀匈奴也有一万多人。他们一边战斗一边后退，连续战斗了八天，在距离居延还有一百余里时，

① 贰师将军：杂牌将军之一。西汉武帝闻西域大宛贰师城有良马，号称“汗血马”，派使者前去购买，使者被杀，钱物被抢。乃封李广利为贰师将军，期至贰师城取良马。

匈奴挡住了沙漠间狭窄的通道，把李陵的归路断绝了。李陵的军队没有粮食，救兵又不到，匈奴一边加紧攻击，一边派人招降李陵。李陵说："我再也没有脸面见陛下了。"于是投降了匈奴。他的部队全军覆没，剩下的逃亡散失，最后得以回到汉朝的只有四百多人。【12】

匈奴单于得到李陵，平素就听说了他家的好名声，这次见到李陵作战又勇敢，就把女儿许配给他，并且很是尊重他。汉朝听说此事，就杀了李陵的母亲、妻子、儿女。从此，李氏家族的名声败坏了，过去依托李氏门下的陇西士大夫，现在都认为这是耻辱。

太史公说：《论语》说："自己的行为端正，那么即使不下令，别人也会照着做；自己的行为不端正，那么即使下令，别人也不会听从。"这说的不正是李将军吗？我看李将军忠厚老实，如同乡下人一样，也不怎么能言善辩。到死的那天，天下知道他或不知道他的人，都为他哀悼。这是因为他忠实的心感动了士大夫。俗话说："桃树李树不会说话，但树下都被踩出了道路。"这句话说的是小事，但讲的却是大道理啊！

## 知识拓展

**才气无双**

释义：英勇的气概，天下没有第二个人。

出处：《史记·李将军列传》：“典属国公孙昆邪为上泣曰：‘李广才气，天下无双，自负其能，数与虏敌战，恐亡之。”

**霸陵醉尉 / 霸陵呵夜**

释义：形容失官之后受人欺辱。

出处：《史记·李将军列传》：“尝夜从一骑出，从人田间饮。还至霸陵亭，霸陵醉尉，呵止广。”

**桃李不言，下自成蹊**

释义：蹊：小路。原意是桃树不招引人，但因它有花和果实，人们在它下面走来走去，走成了一条小路。比喻人只要真诚、忠实，就能感动别人。

出处：《史记·李将军列传》：“谚曰：‘桃李不言，下自成蹊。’此言虽小，可以谕大也。”

**对簿公堂**

释义：簿：文状、起诉书之类。在法庭上受审问。

出处：《史记·李将军列传》：“大将军使长史急责广之幕府对簿。”

# 史记卷一百一十
## 匈奴列传

扫描二维码
阅读本篇原文

冒顿　稽粥　伊稚斜　乌师庐　呴犁湖　且鞮侯

匈奴的祖先是夏后氏的后代，始祖的名字叫淳维。唐尧、虞舜以前有山戎、猃狁（xiǎn yǔn）、荤粥等部落生活在北方荒蛮之地，以畜牧为生，经常迁徙。他们那里的牲畜多的是马、牛、羊，珍奇的牲畜有橐（tuó）驼、驴、骡、駃騠（jué tí）、騊駼（táo tú）、驒騱（diān xī）。他们到处寻找水草游牧，没有固定的城池，也不从事农业生产，但各有分占的牧场。他们没有文字和书籍，只能用语言沟通思想，约束行动。他们从儿童时起就能骑羊，用弓箭射小鸟和鼠类，稍大些，就射狐狸和野兔作为食物。男子只要能拉得动弓箭的，都当骑兵。他们的风俗是，平时带着牲口游牧，并以射杀飞禽走兽作为职业；遇到紧急情况，人人都练习攻防战术，以便进行侵略和掠夺，这是他们的天性。他们的长兵器是弓、箭，短兵器是刀、矛。打仗时，有利就前进，不利就后退，从不以逃跑为羞耻。【13】只要有利可图，就不顾礼义。他们从君王以下都吃畜肉，穿着皮革做的衣服，披着毡子和动物的皮毛。壮年人吃好东西，老年人吃剩余的，看重健壮的，轻视老弱的。父亲死了，儿子娶后母做妻子；兄弟死去，活着的兄弟都娶死者的妻子为妻。他们每个人都有名字，也不避忌讳，但没有姓氏和表字。

夏朝国运开始衰落，公刘失去了稷官①的职务，率领部族迁到西北，在西戎改革制度，并在豳地建立了都邑。从那以后三百多年，戎狄攻击太王亶父，亶父逃到岐山脚下，豳地人都跟着他一起迁走，开始建立周国。又过了一百多年，周君西伯姬昌攻打犬戎。以后又过了十多年，周武王讨伐商纣王而营建洛邑，回来之后又在酆京、鄗京居住，把戎夷放逐到泾河、洛河以北，要他们按时进贡，并将他们居住的地区命名为“荒服”。这以后二百多年，周朝的运道开始衰落了，周穆王攻打犬戎，只获得四只白狼、四只白鹿。从那以后，荒服地区不再向周朝进贡了。周朝在此期间制定了名叫《甫

① 稷官：官名。掌管农业的官长。相传周族始祖后稷在唐尧时开始担任此职，教民耕种。

刑》[1]的法律。在周穆王之后二百多年，周幽王因宠爱褒姒的缘故，与申侯有了矛盾。申侯发怒，便联合犬戎一道攻周，杀幽王于骊山之下，犬戎获得了周朝的焦获之地，住到了泾河、渭河之间，骚扰蹂躏华夏地区。秦襄公援救周朝，周平王于是离开了酆京、鄗京，向东迁到洛邑。这时，秦襄公讨伐犬戎到达岐山脚下，开始列为诸侯。过了六十五年，山戎越过燕国而去讨伐齐国，齐釐公与山戎交战于齐国境内。这以后四十四年，山戎又进攻燕国，燕国向齐国求救，齐桓公向北攻打山戎，山戎逃走了。又过了二十多年，戎狄来到洛邑攻打周襄王，襄王逃到郑国。起初，周襄王打算攻打郑国，特地娶了戎狄之女作为王后，想以此联合戎狄共同进攻郑国。不久襄王废黜了狄后，狄后非常怨恨；襄王的后母惠后有个儿子名叫子带，惠后想立子带为王，于是联合狄后，与子带一起做内应，打开城门，戎狄因此得以进城，赶跑了周襄王，立子带为天子。于是戎狄便内迁到了陆浑，往东到了卫国，更加严重地侵犯中原各国，各国都非常憎恨他们，所以诗人们作诗说："打击戎狄""讨伐猃狁，直捣太原""战车出动，在北方筑城"。周襄王在外面待了四年，派使者到晋国告急。晋文公刚登位，很想建立霸业，便发兵打跑了戎狄，杀掉子带，把周襄王迎回来，仍然居住在洛邑。

在这个时候，秦国和晋国都是强国。晋文公攻打戎狄，戎狄跑到圁(yín)水、洛河之间，人们都管他们叫"赤狄""白狄"。秦穆公得到由余，治国强兵有方，西戎八国都归服于秦。当时的西戎部落，陇山以西有绵诸、绲(gǔn)戎、翟、

---

①《甫刑》：相传周朝穆王命其相甫侯制定的法律。有"五刑"三千款。

貒（yuán），在岐山、梁山、泾河、漆河以北有义渠、大荔、乌氏、朐（qú）衍，晋国的北面有林胡、楼烦，燕国北面有东胡、山戎等等。这些戎族部落分散居住在山谷里，各自有首领，各地聚居着一百多个戎族部落，始终不能统一。

从那以后一百多年，晋悼公派魏绛去同戎狄修好，从此戎狄朝见晋国的国君。以后又过了一百多年，赵襄子越过句注山，吞并了代国，接近胡人和貉人的居住区。后来赵襄子联合韩、魏两家共灭智伯，瓜分了晋国的土地。这样，赵国占有代地、句注山以北，魏国占有河西、上郡，跟戎人邻境。后来，义渠戎建立城郭以自卫，而秦国则不断地对它蚕食，到秦惠王时便夺取了义渠二十五城。秦惠王进攻魏国，魏国便把西河、上郡全部献给了秦国。秦昭王时，宣太后与义渠戎王私通淫乱，生了两个儿子。宣太后用欺诈手段在甘泉山杀死了义渠戎王，随后起兵征伐并灭掉义渠戎。这时秦国占据了陇西、北地、上郡还修筑长城以防备胡人。而赵国的赵武灵王也改革赵国的风俗，身着胡服，学习骑马射箭，向北进攻打败了林胡、楼烦，并修筑长城，从代地沿阴山山麓直到高阙①，作为边塞；又设置了云中、雁门、代郡。以后燕国有一位贤将秦开在胡人那里做人质，胡人非常信任他。他回国后，率领军队袭击东胡，东胡退却一千多里。跟随荆轲去刺杀秦王的那个秦舞阳就是秦开的孙子。燕国也修筑了长城，从造阳至襄平，并置上谷、渔阳、右北平、辽西、辽东郡以抵御胡人。在这个时候，经济文化比较发达的战国七雄，有三个与匈奴为邻。后来赵国的将领李牧镇守边塞时，匈奴

---

① 高阙：古要塞名。阴山山脉至此中断，成一缺口，望若门阙，故名。

一直不敢侵犯赵国。后来秦国消灭了六国，统一了天下，秦始皇派大将蒙恬带领十万大军北击匈奴，把河南地区全部收复，并以黄河作为边塞，修筑四十四座县城面对黄河，让那些被罚守边的人去充实这些县城。又修通从九原到云阳的道路，并沿着边境山脉的险堑和溪谷修缮、增补长城，西起甘肃的临洮，东至辽东，绵延一万里，还渡过黄河占据阳山、北假地区。

当时，东胡强大，月氏（zhī）兴盛。匈奴单于名叫头曼，头曼打不过秦朝，就向北迁徙。过了十多年之后，秦朝大将蒙恬死了，天下诸侯都起来造反。中原地区陷入一片混乱，那些被秦朝流放去守边的人渐渐地离开了，于是匈奴得以有一个宽松的环境，又渡过黄河南岸，以原先的边塞为界。

头曼的太子名叫冒顿（mò dú）。后来头曼所爱的阏氏（yān zhī）生了个小儿子，他就想废掉冒顿，立这个小儿子为太子，因此，就叫冒顿到月氏去做人质。但冒顿做了月氏的人质之后，头曼就猛烈进攻月氏。月氏王想杀掉冒顿，冒顿偷了月氏的好马，逃回了匈奴。头曼认为冒顿很勇敢，就让他带领一支万人的军队。冒顿利用这个机会设计了一种响箭，训练部下骑马射箭，并下令说："响箭所射之处有不尽力跟着去射者，杀头！"【14】不久，冒顿就用他的响箭射自己的好马，部下有的不敢射，他就把那些人杀了。过了不久，他又用响箭射自己心爱的妻子，部下有些人很惊恐，又不敢跟着射，他又把那些人杀了。又过了不久，他再次用响箭射单于的好马，部下这回都跟着一起射。于是冒顿知道了他的

部下是可以依靠利用的。有一次他跟着父亲头曼单于外出打猎，用响箭射头曼，部下也一起跟着，把头曼杀死了。随后，把他的后母、弟弟以及大臣中不顺从自己的人都杀了，自己当了匈奴的单于。

冒顿继位当了单于以后，东胡此时很强盛，听说这件事，就派遣使者对冒顿说，想要得到他父亲的千里马。冒顿征询群臣的意见，群臣都说："千里马是我们匈奴的宝马，不能给。"冒顿说："和人家相邻，怎么能吝惜一匹马呢？"就把千里马送给了东胡。过了不久，东胡以为冒顿怕他们，又派使者对冒顿说，想得到单于的一位阏氏。冒顿又征求大臣们的意见，大臣们都很愤怒，说："东胡也太没道理了，竟敢索要阏氏，请您出兵打他们。"冒顿说："和人家相邻，怎么能吝惜一名女子呢？”就把心爱的阏氏给了东胡。东胡王越发骄横起来，带兵向西侵略。东胡与匈奴中间，有一片荒弃的地区，没人居住，大概有方圆一千多里。双方各自在自己的边境设立了守望的哨所。东胡派遣使者对冒顿说：“匈奴与东胡守望哨以外的地区，匈奴不能到达那里，我们想占有它。”冒顿还是征求大臣们的意见，有的大臣说：“这是荒弃地区，给也行，不给也行。”这时冒顿大怒，说：“土地是国家的根本，怎么能送给他们？”并把那些主张给的人都杀了。冒顿跨上战马，下令全国如有后退的就杀掉，便向东进攻东胡。东胡起初很轻视冒顿，不把他放在眼里，也不做什么准备。等到冒顿率领大军赶到，再战已经来不及了，于是冒顿大获全胜，消灭了东胡王，掳掠了他的人民和牲畜。回来后，又向西打跑了月氏。向南吞并了楼烦和另一个部落白羊。又全部收复了秦朝蒙恬所夺取的匈奴土地，跟汉朝以原来的河南关塞为界，到达朝那、肤施，随后侵扰燕地、代地。这时汉军正与项羽的军队相持不下，中原地区被战争弄得疲惫不堪，因此，冒顿得以趁机强大起来，手下有能够拉弓射箭的士兵三十余万。

从淳维到头曼有一千多年，匈奴时大时小、忽聚忽散的状况持续得很久了，它的世系无法按次序排列出来。但到冒顿时匈奴最为强大，把北方的各部族都征服了，而与南边的中原王朝为敌。这时候，匈奴的世系、官职、称号才有可能记述下来。

匈奴设置左、右贤王，左、右谷蠡王，左、右大将，左、右大都尉，左、右大当户，左、右骨都侯。匈奴人称贤明的人为“屠耆”，所以常由太子担任左屠耆王①。从左右贤王到当户，大的有一万部众，小的也有几千，共有二十四个长官，称号叫作“万骑”。大臣们都是世袭的。呼衍氏、兰氏，以后又有须卜氏，这三姓是匈奴中最为显贵的家族。左方各王、将居于东方，面对上谷以东地区，东接秽貉(huì mò)、朝鲜；右方王、将居住在西方，面对上郡以西地区，西接月氏、氐族、羌族；而单于的王庭面对代郡、云中地区。他们各分有地盘，寻找水、青草迁移。左右贤王、左右谷蠡王最大，左右骨都侯辅政。二十四个长官也各自设置千长、百长、什长、裨小王、相封、都尉、当户、且渠之类的职官。

每年的正月，各部首领在单于的王庭进行小集会，举行春天的祭祀活动。每年五月，在茏城举行大集会，祭祀祖先、天地、鬼神。秋天，马长肥了，在蹛（dài）林周围大集会，核算人口、牲畜数目，征收赋税。他们的法律是：拔刀伤人并造成一尺长的伤口的处死，盗窃者被没收家属及财产；轻罪压碎骨节，重罪处死刑。坐牢最长不超过十天，一个国家的囚犯不过几个人。单于清晨出营，拜太阳升起，晚上朝拜月亮。他们坐的规矩是，首领居左，面向北。崇尚戊、己日。人死了以后有棺椁、金银、衣服，没有坟墓和丧服制度。单于死了，殉葬的近臣和爱妾有几十人，甚至上百人。兴兵打仗要观测星月，月亮圆满就进攻，月亮亏损就后退。战斗中谁有捕获就赏一壶酒，战利品归己所有，抓到的人就做奴婢。

① 屠耆王：匈奴官名。是单于下的最高官职。冒顿单于时，除自领中部外，设左、右屠耆王，分领东西二部，由单于子弟担任。匈奴尚左，通常以单于继承者担任东边的左屠耆王。“屠耆”是匈奴语“贤”的意思，汉人因称左、右屠耆王为左、右贤王。

所以，在战斗中，人人都自动趋利。善于使用诱敌的战术，以冲击敌军。所以他们见到敌人便逐利前进，如同鸟为食物飞集一样；败退时便土崩而散。打仗时谁搬运了战死者，谁就尽得死者家属财产。

后来冒顿向北征服了浑庾、屈射（yì）、丁零、鬲（gé）昆、薪犁等国。于是匈奴的贵族大臣都佩服冒顿，认为他最贤能。

这时汉朝初定，把韩王信迁到代地，建都马邑。匈奴大举进攻，围住了马邑城，韩王信战败，投降了匈奴。匈奴得到韩王信后，就带兵越过句注山。进攻太原，打到晋阳城下。汉高帝亲自统率军队前去抗击匈奴。正赶上冬天下雪，大寒，士卒十分之二三都冻掉了手指。于是冒顿假装败退，引诱汉兵追击。汉兵果然中计追击，冒顿把精兵隐蔽起来，暴露老弱残兵。汉兵三十二万人多为步兵，向北追赶冒顿。汉高帝先到平城，步兵没有全到，冒顿放出精锐骑兵四十万，将汉高帝刘邦团团围困在白登山上，一连七天，汉兵内外失去了联系，也接济不上粮草。围困高帝和汉兵的匈奴骑兵，西方都是骑白马的，东方都是骑青马的，北方都是骑黑马的，南方都是骑赤马的。高帝没有办法突围，只得派遣使者带着厚礼暗中贿赂单于的阏氏，阏氏于是对单于说："两位君主不应当互相围困逼近。现在我们即使得到了汉朝的地方，但单于终究不能长久居住在那里。况且汉朝的君主有神灵的帮助，请您仔细考虑一下吧。"单于曾和韩王信的部将王黄、赵利约定会合，夹击汉军，而王黄、赵利的部队又迟迟不见动静，因此单于怀疑他们与汉朝有什么阴谋，于是单于采纳了阏氏的意见，就放开包围圈的一个角。于是汉高帝命令士兵都拉

满了弓箭，面朝外，从解围的一角冲出去，与大军合在了一处，而冒顿则引兵退走。汉军也班师回朝，派遣使者刘敬前往匈奴缔结联姻的和约。

从这以后，韩王信在匈奴那里为将，经常和王黄、赵利一起，违背汉匈的和约，侵掠代郡、云中郡一带地方。没过多长时间，陈豨又反叛了汉朝，与韩王信合谋进攻代郡。汉朝派遣樊哙率领军队去攻打他们，收复了代郡、云中郡、雁门各郡县，但没有越过边塞。这时，因为常有汉朝的将领投降匈奴，因此冒顿经常在代郡一带往来掠虏。汉朝对此甚感忧虑，就派刘敬奉送皇族宗室的女子冒充公主给单于做阏氏，每年给匈奴许多粮食和布匹，相约结为兄弟，缔结婚姻，冒顿这才稍微收敛了一些。后来燕王卢绾又背叛了汉朝，率领党徒几千人投降了匈奴，往来骚扰上谷以东地区。【15】

汉高帝刘邦驾崩，汉惠帝和吕太后当政时，汉朝刚刚安定下来，因此匈奴非常骄横。冒顿给吕太后写信，胡言乱语，说了许多羞辱吕太后的话。吕后十分恼怒，想派兵进攻匈奴。但将军们都说：“像高帝那样贤能威武的皇帝，尚且被匈奴围困在平城。”于是吕太后打消了进攻匈奴的念头，又与匈奴和亲。

到了汉文帝刚即位，又与匈奴商议和亲的事。文帝即位的第三年（公元前 177 年）五月，匈奴的右贤王入侵汉朝黄河河套以南的地区，侵扰上郡以保边塞的夷狄各部族，杀害劫掠那里的人民。于是汉文帝派丞相灌婴率领战车和骑兵八万五千人，进军高奴，打击右贤王的匈奴兵。右贤王逃出塞外，汉文帝亲临太原。当时济北王刘兴居又反叛了朝廷，汉文帝又回到了京城，并将丞相灌婴的部队撤回来，去攻打匈奴的军队。

第二年，单于给汉朝来信说：“上天所立匈奴大单于敬问皇帝平安。以前皇帝提起的和亲一事，与我这封信的意思相合，大家都皆大欢喜。汉朝边关的守将侵犯侮辱我们的右贤王，右贤王没有向我请示，听从后义卢侯难氏等人的意见，与汉朝的使节互相攻打，断绝了两位君主的和约，离间了兄弟间的亲情。皇帝责备的书信两次送给我们，我派出使者给汉朝送信，使者又不得归来，而又不见汉朝的使者来，汉朝因此不与我们和解，我们作为邻国也不得归附。现在我以小官吏败坏和约的缘故，惩罚了右贤王，让他到西边寻找月氏攻打。由于老天的保佑，兵强马壮，消灭了月氏，把他们全部斩杀、降服了。然后我们又平定了楼兰、乌孙、呼揭及与他们相邻的二十六国，使他们归匈奴管辖。所有弯弓射箭的牧民都成了一家人。北方已经平定，我希望停止征伐，休养士卒马匹，消除前嫌，修复以前的和约，以安定边塞的人民，继承汉匈友好的传统，使儿童能得到成长，老人能安度晚年，世世代代平安欢乐。不知皇帝意下如何，特派使者郎中系雩（yú）浅带着书信前去请示，献上骆驼一匹、马两匹、可以套车的马八匹。如果皇帝不想让匈奴靠近边塞，那么就请您让官吏和人民远离边塞居住。使者到达之后，就请让他回来。”匈奴的使者于六月中旬来到薪望那个地方。匈奴书信送到朝廷，汉朝商议攻打与和亲哪个更有利。大臣们都说：“匈奴刚刚破了月氏，正在兴头上，不可以冒险进攻。而且即使得到了匈奴的地盘，都是一毛不拔的沼泽盐碱地，不能居住。还是和亲有利。”汉朝采纳了大臣们的意见，答应了单于的请求。

汉文帝前元六年（公元前174年），汉朝给匈奴的信说：“皇帝敬问匈奴大单于平安。您派郎中系雩浅送给我的信里说：‘右贤王没有请示，听从后义卢侯难氏等人的意见，断绝了两位君主的和约，离间了兄弟间的亲事，汉朝因此与匈奴不和，邻国不能归附。你以小官吏败坏和约的缘故，罚右贤王向西寻找月氏攻打，完全平定了月氏。希望停止攻伐，休养士兵马匹，消除前嫌，修复汉匈友好的传统，以使边塞的人民安定，使儿童能得到成长，老年人安度晚年，世世代代平安欢乐。’我对此非常赞赏，这是古今圣贤君主的心意。汉朝向来把匈奴当成兄弟，所以每年送给匈奴的礼物甚为丰厚。背信弃义，离间友好情谊的，常在匈奴方面。然而右贤王那件事发生在大赦之前，您就不要再深究了。单于如果能按来信的意思去做，请明确告诉您的部下，让他们不要背弃和约，遵守信用，我会慎重按来信的意见办。听使者说，您亲自带兵伐他国有功，很是辛苦。特把丝绣夹绮衣、绣夹长袄、锦夹袍各一件，比余[①]一件、黄金饰腰带一条、黄金带钩一枚、彩缎十匹、绣缎三十匹、赤绨（tí）[②]、绿缯各四十匹，派遣中大夫意、谒者令肩送给您。”

过了不久，冒顿死去，他的儿子稽粥（jī yù）继位，称为老上单于。老上单于刚刚即位，汉文帝就又派遣皇族宗室女子冒充公主去做单于的阏氏，并让燕籍的宦官中行说（háng yuè）去辅佐公主。中行说不想去，但汉文帝硬叫他去，中行说十分不满，说：“要是硬叫我去，我就给汉朝制造祸患。”果然，他一到匈奴，就投降了单于，得到了单于的宠信。

当初，匈奴喜欢汉朝的绸缎、丝绵和食物，中行说说：“匈奴的人口不及汉朝一郡的人口多，之所以强大，是因为我们的衣服和食物与汉朝不一样，没有什么可以依赖汉朝的。现在单于改变自己的习俗，喜欢汉朝的东西，汉朝不过将他们极少的一些东西给你，结果匈奴就全归附汉朝了。请把来自汉朝的丝绸衣服穿上，在荒草荆棘中奔驰，把它扯烂，以此来证明它不如我们匈奴的毡衣结实。得到汉朝的食物全部扔掉，以证明不如我们的奶酪鲜美。”他还教匈奴单于左右的人读书写字，以便统计人口和征收赋税。

汉朝给匈奴单于的信，所用木札一尺一寸长，开头语是

---

① 比余：一种金制的发饰。

② 赤绨：赤色厚而光滑的丝织品。

“皇帝敬问匈奴大单于平安”，接着写所赠送的礼物和要说的话等等。中行说给单于出主意，给汉朝的信札要一尺二寸长，并且使用特大号的印章和封缄，开头语也极其傲慢，说“天地所生，日月所置，匈奴大单于敬问汉皇帝无恙”，然后再接着写所赠送的礼物及要说的话等等。

汉朝使者说：“匈奴风俗轻视老年人。”中行说诘难汉朝使者说：“按照汉朝的风俗，凡是从军打仗将要出发的人，他们的父母不也是拿出温暖的衣服和好吃的食物送给他们将要出发的子弟吗？”汉朝使者说：“是这样。”中行说说：“匈奴明确以打仗为大事，那些老弱者不能上前线打仗，所以就把家里的肥美食物让给壮健的人，这也是为了保卫自己。像这样父子各得长久相保，凭什么说匈奴轻视老人呢？”汉朝使者说：“匈奴父子在同一个帐篷里住。父亲死了，儿子就娶后母做妻子；兄弟死了，其他兄弟就娶死者的妻子为妻。没有帽子、腰带等服饰和朝廷礼仪。”中行说反驳说：“匈奴的风俗是吃牲畜肉，喝它的奶汁，用它的皮做衣服；牲畜吃草喝水，随时转移。因此，在紧急时就人人练习骑马射箭，平时就快乐无事。他们的约束简便，容易实行。君臣关系简易，一国的政事就如同一个人的事一样。父子兄弟死去，娶死者的妻子为妻，这是怕种族没有后代。因此，匈奴风俗虽乱，但必须立本族子孙。中原人虽然装正经，不娶自己父兄的老婆，亲属之间疏远，直到互相残杀甚至改朝换代，都是由于这类假正经所造成。况且，礼义的毛病，导致上下互相怨恨；追求宫室的高大华美以至于穷奢极侈，人的力势必然衰竭。致力于耕田种桑以求衣食，修筑城郭以自卫，因此，民众在

紧急关头不熟习战争，平时就疲于生产。你们这些住在土房子里的人，就不要多说了！如果喋喋不休，沾沾自喜，就是冠带整齐，看上去像个人，又有什么了不起？”

从此以后，汉朝使者有想辩论的，中行说就说：“汉朝不要多言多语，只记着汉朝送来礼物的数量、质量就行了，何必多费唇舌？如果你们给的东西又多又好便罢，如果不是这样，那么等到秋后，我们就派出骑兵去践踏你们的庄稼。”他还教给单于日夜窥伺汉朝边塞的要害处所。【16】

汉文帝十四年（公元前 166 年），匈奴单于率领十四万骑兵攻入朝那、萧关，杀死北地都尉孙卬，掳掠人口和牲畜甚多，进而攻到彭阳。出奇兵焚烧了回中宫，探马到达了雍州甘泉。于是汉文帝任命中尉[1]周舍、郎中令张武为将军，

① 中尉：武官名，职掌京师治安兼统京师卫戍部队。

率领战车一千辆，骑兵十万，驻在长安旁边防备匈奴。并且任命昌侯卢卿为上郡将军，甯侯魏遬（sù）为北地将军，隆虑侯周灶为陇西将军，东阳侯张相如为大将军、成侯董赤为前将军，大量调集军队攻击匈奴。匈奴在塞内逗留一个多月才往回撤退，汉军也只是把他们赶出塞外了事，没有消灭多少他们的有生力量。匈奴越发骄横，每年都在边关一带杀害人民，掠夺牲畜，云中、辽东两郡受害最深，到代郡，被杀掠的有一万多人。汉朝对此深感不安，派遣使者前往匈奴下书，匈奴则派遣当户回使汉朝，以表歉意，再谈和亲之事。

汉文帝后元二年（公元前162年），汉朝派使者给匈奴送去一封信，说："皇帝敬问匈奴大单于平安。您派使者当户且居雕渠难、郎中韩辽送给我两匹马，已到，敬受。先帝规定：长城以北为弯弓射箭的国家，归单于领导；长城以南戴帽束带的国家，归我掌管，要让万民耕织射箭谋衣取食，父子不分离，君臣相安无事，都不要暴虐横逆。现在我听说一些邪恶之徒贪图一时的利益而背信弃义，破坏和约，置万民百姓的性命于不顾，离间汉匈两国君主的情谊。然而这些事情已经过去了。您来信说：'汉匈已经和亲，两国君主都很欢悦，停战、休兵、养马，世世代代昌盛欢乐，重新开创安定的局面。'我非常赞赏您的这些话。凡是圣人，要天天进步，改弦更张，使老年人得以安度晚年，儿童得以健康成长，各保其生命终享天年。我和单于都遵守这一点，顺应天意，体恤人民，世代相传，延续无穷，普天下人民都得到利益。汉朝和匈奴邻国，势均力敌，匈奴地处北方，天气寒冷，肃杀之气来得早，所以我每年都派遣官吏送给单于一定数量

的绵帛、丝絮。现在天下太平，万民欢乐，我和单于做他们的父母。我回忆两国间的往事，微小的事件和财物，谋臣计议的失误，都不足以离间兄弟般的友谊。我听说过，天不只做谁家的天，地不只做谁家的地。我和单于都应当摈弃以往细小的嫌隙，从大处着眼，消除相互间的仇恨，求得汉匈之间的长久友谊，让两国人民像一家人一样生活。广大的民众，上至飞鸟，下及鱼鳖，所有喘息、蠕动的有生命的动物，都有趋向平安躲避灾祸的本能。所以，对来归的不予制止，才符合天道，我们都要放弃以前的做法，我宽恕逃往匈奴的人民，单于也不要责备章尼等人。我听说古代帝王定约分明而不反悔。单于留意，汉匈和亲、天下太平以后，汉朝绝对不会首先负约。希望单于深思。”【17】

单于同意和亲之后，汉文帝便命令御史说：“匈奴大单于给我来信，说和亲已定，收留逃亡的人民不足以增加人口和扩大土地，匈奴人不准入塞，汉朝人不准出塞，违犯禁令，破坏和约的要杀头。这样做有利于长久和亲，避免灾祸，对汉匈双方都有好处。我已经答应了单于。应当布告天下，让吏民明确知道这件事。”

过了四年，老上稽粥单于死去，儿子军臣继位做了单于，军臣继位之后，汉文帝又和匈奴和亲。中行说又服侍军臣单于。

军臣做单于四年多，匈奴与汉朝断绝和亲，分别派三万骑兵大举侵入上郡、云中，杀了许多人，劫掠了许多财物才离去。于是汉朝派了三位将军分别率领军队驻扎在北地、代郡的句注、赵地的飞狐口等关隘，沿边境各要塞驻军也各自坚守防备匈奴。又派三位将军率领军队分别在长安以西的细柳，渭河北岸棘门和霸上驻扎，以防备匈奴。匈奴骑兵攻到代郡句注山附近，烽火通到甘泉山、长安。过了几个月，汉军到达边塞，匈奴于是远远退走，汉兵也没有再追赶。过了一年多，汉文帝驾崩，汉景帝即位，赵王刘遂竟暗中勾结匈奴。吴、楚等七国反叛时，匈奴想与赵王合谋入侵边塞。汉军围困并击破赵国，匈奴也就停止了入侵活动。以后，景帝又和匈奴和亲，开放边境互通市场，给匈奴送东西、嫁公主，照从前的盟约办。在汉景帝在位期间，匈奴只是有时小规模地侵入边境，没有发生大规模侵略事件。

汉武帝继位，申明了和亲政策和有关规定，优厚地对待匈奴，开放边境市场，供给很丰足。匈奴自单于以下都亲近汉朝，往来于长城脚下。

不久，汉朝策划了一次马邑军事行动。先是让马邑城的一位富商聂翁壹犯禁私运货物出塞与匈奴交易，假装出卖马邑城以引诱单于。单于相信了他的话，贪图马邑的财物，派遣十万骑兵攻入武州塞。汉兵三十余万埋伏在马邑城旁边，御史大夫韩安国为护军将军，督率四位将军伏击单于。单于进入汉境离马邑只有一百多里，发现牲畜散布四野而无人牧放，感到很奇怪，就攻打哨所。恰巧这时雁门郡的一个尉史巡逻，发现敌人后便去保卫那个哨所，尉史知道汉兵的预谋，单于抓住他，并且要杀他，他就把汉军伏兵地点告诉了单于。单于大惊，说："我本来也怀疑。"于是率军退走。出塞以后，单于说："我得到尉史，真是天意，老天爷让他告诉我汉军的计划。"于是封那个尉史为"天王"。汉兵约定引诱单于进马邑城然后共同进击，但单于没来，汉军一无所得。汉将军王恢按约定袭击单于的后勤部队，见单于返回，人马很多，没敢出击。汉朝因为王恢献的马邑军事行动计谋，但又不进攻，就杀了他。从此，匈奴与汉朝断绝了和亲关系，经常进入汉朝边境抢劫不可胜数。但是匈奴贪婪，喜欢互市市场，爱好汉朝财物，因此汉朝没有关闭边境互市市场，以投其所好。

马邑军事行动之后第五年秋天，汉朝派遣四位将军各带一万人马到互市市场地区攻打匈奴。将军卫青出上谷，到达茏城，斩杀、俘虏匈奴七百人。将军公孙贺出云中，没有什么收获。公孙敖出代郡，被匈奴打败，损失七千多人。将军李广出雁门关，打了败仗，被匈奴俘虏，后来逃回。朝廷将公孙敖、李广囚禁起来，两人赎罪做了平民。这年冬天，匈奴多次侵犯汉朝边境，渔阳受到的损失最为严重。汉朝派遣韩安国率兵驻扎在渔阳以防备匈奴。

第二年秋天，匈奴两万骑兵进犯汉朝，杀了辽西太守，劫掠了两千余人。匈奴又击败渔阳太守的军队一千多人，把韩安国围困住，韩安国当时率领的一千多骑兵也快战尽了，恰好燕国救兵到，匈奴才撤围而去。匈奴又侵入雁门，杀掠了一千多人。于是汉朝派遣卫青带三万骑兵出雁门，李息出代郡，攻打匈奴，斩杀、俘虏几千人。第二年，卫青又兵出云中郡以西到陇西，打击在黄河河套以南的匈奴的楼烦、白羊等部，斩杀、俘虏匈奴几千人，夺得牛羊一百多万头。于是汉朝便占领了河南地区，修筑朔方城，修缮秦朝大将蒙恬设置的要塞，凭借黄河巩固关防。同时，汉朝也放弃了上谷地区偏僻县城造阳给了匈奴。这是汉朝元朔二年（公元前127 年）的事。

后一年的冬天，匈奴军臣单于死去，他的弟弟左谷蠡王伊稚斜攻破了太子于单，自立为单于。于单太子投降了汉朝，汉朝封他为涉安侯，没过几个月就死去了。

伊稚斜单于即位后，当年夏天派遣几万骑兵攻汉，杀死了代郡太守恭友，劫掠一千多人。秋天，匈奴又侵入雁门关，斩杀、劫掠一千多人。第二年，匈奴又一次侵入代郡、定襄、上郡，各有三万骑兵，杀害、劫掠几千人。匈奴右贤王怨恨汉朝夺去河南地区和修筑朔方城，数次进犯，侵扰边境，经常侵入河南，骚扰朔方，杀害、劫掠了许多汉朝官吏和百姓。

第二年春天，汉朝任命卫青为大将军，率领六位将军，共十万余人出兵朔方、高阙打击匈奴。匈奴右贤王以为汉军到不了他们那里，喝醉了酒，汉军出塞六七百里，趁夜围住了右贤王。右贤王大吃一惊，脱身逃走，所有精壮骑兵纷纷跟着逃跑。汉军俘获右贤王部众男女一万五千人，裨小王十余人。秋天，匈奴一万多骑兵侵入代郡，杀了代郡都尉朱英，劫掠一千余人。

过了一年，汉朝在春天又派卫青为大将军，率领六位将军和十多万骑兵，再出定襄数百里打击匈奴，斩杀、俘虏一万九千余人，汉朝也损失了两位将军和骑兵三千多人。右将军苏建只身逃脱，前将军赵信兵败后投降匈奴。赵信以前是匈奴的小王，投降汉朝后被封为翕侯，他作为前将军，与右将军一道同大军分开行进，单独碰上了单于大军，全军覆没。单于得到赵信，封他为仅次于单于的“自次王”，并把自己的姐姐嫁给他，和他一起谋划对付汉朝。赵信向单于献计，让他再向北去，越过大沙漠，引诱拖垮汉军，然后再消灭汉军，而匈奴的军队不要靠近边塞。单于听从了他的计策。第二年，匈奴的骑兵侵犯上谷，杀害了数百人。

又过了一年的春天，汉朝派骠骑将军霍去病率领一万骑兵出陇西，越过焉支山一千余里去攻击匈奴，斩杀、俘获匈奴一万八千多人，打败了匈奴休屠王并得到了他们的祭天金人。这年夏天，霍去病与公孙敖率领几万骑兵再次出陇西、北地两千里，攻击匈奴。过居延，进攻祁连山，斩杀、俘虏匈奴三万多人，裨小王以下七十余人。这时匈奴也来侵入代郡、雁门，杀掠几百人。汉朝派博望侯张骞和将军李广率军出右北平，攻击匈奴左贤王。左贤王包围了李广的军队，李广的四千人都快牺牲完了，而杀敌人数也超过了自己的牺牲人数。多亏张骞率援军赶到，李广才得救。汉军在这次作战中损失了几千人，合骑侯公孙敖误了骠骑将军霍去病约定的日期，他和博望侯张骞都被判处死刑，花钱赎为庶人。

这年秋天，匈奴单于对浑邪王、休屠王被汉军斩杀几万人这件事非常恼怒，打算把他们召来杀掉。浑邪王与休屠王很害怕，共同谋划投降汉朝，汉朝派霍去病前去迎接。浑邪王把休屠王杀掉，并把休屠王的部队带着一起投降了汉朝，共有四万多人，号称十万。这时汉朝由于得到了浑邪王，陇西、北地、河西遭受匈奴掳掠就少多了，便迁徙关东地区的贫民去充实新得到的那些匈奴的地盘，将北地以西驻防的军队减少了一半。第二年，匈奴侵入右北平、定襄两地各有几万骑兵，杀掠一千多人而去。

第二年春天，汉朝廷计议说："翕侯赵信给单于出主意，让匈奴住在大漠以北，以为汉兵到达不了那里。"于是用粟喂马，出动十万骑兵，另有自带粮食和马匹随军出征的共十四万人，运输粮食的辎重车辆还不计算在内。命令大将军卫青和骠骑将军霍去病各率领一半部队。卫青出定襄，霍去病出代郡，都约定了越过大沙漠攻击匈奴。单于听到这个消息，把军需物品运到远方，带着精锐部队在漠北迎战。单于与卫青交战一天，恰好天黑了，起了大风，汉兵突然在左右两翼包围了单于。单于料想自己打不过汉军，于是带领几百名精壮骑兵击溃汉军包围圈，从西北角逃走，汉兵由于天黑没能追赶上单于。汉兵在追击过程中斩杀、俘虏匈奴一万九千多人，北至阗（tián）颜山赵信城就返回了。

单于逃走时，他的人马往往与汉兵混在一起追赶单于。单于长时间没有与大队人马联系上，他的右谷蠡王以为他死了，便自己登位做了单于。真的单于收拢自己的部队以后，右谷蠡王就取消了自己单于的封号，仍然做右谷蠡王。

骠骑将军出代郡两千余里，与匈奴左贤王交战，得以斩杀、俘虏匈奴七万余人，左贤王和部将都逃走了。骠骑将军在狼居胥山上祭天，在姑衍山祭地，抵达瀚海才撤军。

从这以后，匈奴逃得远远的，漠南没有了匈奴王庭。汉朝渡过黄河从朔方以西直到令居县，开水渠、垦荒地，官吏士卒达五六万人，渐渐向北扩展，领地连接匈奴旧地以北。

起初，汉朝的两位将军率大军围攻单于，斩杀、俘虏八九万人，而汉朝士兵死亡也有好几万人，汉朝战马死掉的有十几万。匈奴虽然受到了重大打击，远远逃去，而汉朝也缺少马匹，无法再追赶。匈奴听从了赵信的计策，派遣使者到汉朝，好言好语请求和亲。皇帝叫群臣议论这件事，有的主张和亲，有的主张让匈奴拱手称臣。丞相长史任敞说："匈奴刚刚被打败，正在走投无路，应当让他们做外臣，到边塞地区朝拜。"汉朝派任敞把这个意见转达给单于。单于闻言大怒，把他留在匈奴不放回来，早先，汉朝也招降了一些匈奴使者，匈奴就扣留一些汉朝使者作为回敬。汉朝正在招集兵马准备再一次进攻匈奴的时候，骠骑将军霍去病去世了，于是汉朝很长一段时间没有再往北攻击匈奴。

几年后，伊稚斜单于在位十三年死去，他的儿子乌维继位作了单于。这一年正好是汉元鼎三年（公元前 114 年）。乌维新立，汉朝皇帝也开始出游郡县，后来汉朝又忙于向南讨伐两越[①]，无暇进击匈奴，匈奴也不再侵犯汉朝的边境。

乌维单于登位三年，汉朝已经消灭了南越，派遣原太仆公

① 两越：南越和东越，详见《南越列传》和《东越列传》。

孙贺统帅一万五千骑兵出九原两千多里，抵达浮苴井才回军，没有看见一个匈奴人。汉朝又派遣从骠侯赵破奴统率一万多骑兵出令居几千里，直到匈河水才回军，也没看见一个匈奴人。

这时候，汉朝皇帝巡视边境，到达朔方，统率十八万骑兵，以显示军威，又派郭吉去劝说单于。郭吉到了匈奴，匈奴的礼宾官问郭吉出使的任务是什么，郭吉屈身行礼说道："我见了单于当面再谈。"单于接见了郭吉，郭吉说："南越王的人头已经挂在了汉朝皇宫北门了。现在单于如果能带兵前去与汉兵接战，正好天子率军在边境上等着。单于如果不能交战，就向汉朝拱手称臣，何必远远逃跑，躲到沙漠以北又冷又苦没有水草的地方，这样没有作为呢？"单于听后大为恼火，立刻杀了接待郭吉的那个礼宾官，又扣住郭吉不让他回去，把他放逐到北海边上。但单于终究不敢危害汉朝边境，每日休兵养马，练习射猎，屡次派使者去汉朝，甜言蜜语请求和亲。【18】

汉朝派遣一个名叫王乌的人到匈奴窥探虚实。匈奴规定，汉朝使者不放下朝廷的符节并且用墨自涂其面者，不得进入帐篷。王乌原来是北地人，熟悉匈奴的习俗，于是放下符节，脸上抹上墨，然后才进入匈奴的帐篷。单于喜欢他，假装用好言许诺，说要派遣太子到汉朝做人质，以求得与汉朝和亲。

汉朝派遣杨信出使匈奴，这时候汉朝攻下了秽貉、朝鲜等国，在那里设置了郡县，又在西面设立酒泉郡，隔绝了匈奴与羌族的通路，汉朝又与月氏、大夏等国通好，并且把公主嫁给了乌孙国的国王，以分化瓦解匈奴在西面的各个邻国，同时还在北方大量开垦农田直到胘（xiān）雷，把这里作为

【18】

边塞，对于这些，匈奴始终没敢说什么话。在此期间，赵信死了，汉朝的执政者们认为匈奴已经衰弱了，这是迫使匈奴屈服称臣的一个好机会，杨信为人刚直倔强，而且素来不是朝廷亲贵，因此单于对他很冷淡。单于想把他叫进帐篷，他不肯去掉符节，单于没办法，只好破例在外面接见了他。杨信见了单于，劝告他说："如果您真心实意想和亲，那么就请让单于太子到汉朝作人质。"单于见杨信是个文人，就反驳他说："你说的不是从前盟约的内容。按照先前的盟约，汉朝经常派翁主来，还送来丝绸、丝绵、食物等来和亲，而匈奴也不扰乱边境。现在汉朝一反常态，竟然要我的太子做人质，看来和亲是没有什么希望了。"杨信见单于根本没有和亲的诚意，就回去了。匈奴对待汉朝使者的习惯很有意思，如果他们看到使者不是皇帝宠信的人，而是一个文人学士，他就认为来使是位说客，就想办法批驳使者的观点；如果是年轻人，就认为要行刺，想尽办法打掉对方的锐气。汉朝派人来，匈奴也派人去，汉朝扣住匈奴的人，他们就扣住汉使，一定要求得对等才肯罢休。

杨信回朝后，汉朝又派王乌出使匈奴，而单于仍然用甜言蜜语哄骗他，想多得到汉朝的一些财物。他对王乌说："我想到汉朝会见天子，当面相约结成兄弟。"王乌回报朝廷，汉朝在长安专门为单于修建了官邸。匈奴又说："汉朝不派显贵人物做使者，我不会和你们说实话。"并且派他们的贵人到汉朝。贵人在出使期间病了，汉朝给他吃药想治好他的病，但他不幸死去。汉朝派路充国佩带二千石的印信出使匈奴，护送匈奴使者的灵柩，并准备了极其丰厚的礼物，对匈奴说："这就是汉朝的贵人。"匈奴认为汉朝杀死了他们的尊贵使者，便扣留了路充国，不让他回去。他们原先向王乌说的那些话，只是欺骗王乌根本就不想实现。自那以后，匈奴多次派兵侵犯边境。汉朝任命郭昌为拔胡将军，和浞野侯赵破奴一起屯兵朔方郡以东，以防备匈奴。就在路充国被扣留的第三年，乌维单于就死去了。

乌维在位十年，他的儿子乌师庐继位做了单于。因为乌师庐年纪小，就号称儿单于。这一年是元封六年（公元前105年）。从那以后匈奴更向西北迁徙，左方军队面对云中郡，右方军队面对酒泉、敦煌郡。

儿单于即位后，汉朝派出两名使者，一名去吊唁儿单于，一名去吊唁右贤王，想用这个办法去离间他们的君臣关系。但他们到了匈奴，匈奴把他们都送给了儿单于。儿单于很生气，就把使者都扣留了。匈奴扣留的汉朝使者先后有十多批，而匈奴有使者到汉朝，汉朝也总是扣下他们做抵押。

这一年，汉朝派贰师将军李广利西攻大宛，令因杅将军公孙敖修筑受降城①。冬天，匈奴降大雪，牲畜很多都因饥寒而死。儿单于年轻，喜好杀人打仗，国内的人很多都不安心。左大都尉想杀掉单于，派人密告汉朝说："我想杀掉单于投降汉朝，但汉朝离得太远，如果派兵来迎接，我就发难。"起初汉朝听说这话，所以修了受降城，但左大都尉还认为受降城离匈奴太远了。

第二年春天，汉朝派遣浞野侯赵破奴率领两万多骑兵出朔方西北两千多里，与匈奴左大都尉约定到达浚稽山再回军。赵破奴按约定到达那里并回军，但左大都尉在要发难时被发觉，单于把他杀了之后就出动左方军队攻打赵破奴。赵破奴率领军队一边行军，一边捕杀匈奴几千人。走到离受降城还有四百多里的时候，匈奴的八万军队包围了他们。赵破奴夜里外出找水，匈奴暗中搜捕，把他活捉并趁机猛攻他的军队。汉军护军郭纵、投降汉朝的匈奴首领维王商量说："校尉将领们都怕因丢失了将军而被杀头，不要劝他们回归汉朝。"于是汉军完全覆没于匈奴了。儿单于大喜，派出奇兵攻打受降城。没能攻克，就在边境侵扰一阵子回去了。第二年，儿单于想亲自攻打受降城，没到目的地就得病死去了。

儿单于共在位三年就死了，死时儿子还很小，于是匈奴便立儿单于的叔叔、乌维单于的弟弟右贤王呴犁湖为新的单

① 受降城：为迎接匈奴贵族投降而修筑的城池。

于。这是汉太初三年（公元前 102 年）的事。

呴犁湖继位之后，汉朝为了防备匈奴的入侵，派遣光禄勋徐自为出五原塞几百里，最远一千多里，修筑了许多小城堡和哨所，一直到达庐朐；派游击将军韩说、长平侯卫伉驻防这一带地方，派强弩都尉路博德在居延泽修筑城堡。这一年秋天，匈奴大规模入侵定襄、云中两郡，杀掠几千人，打败了好几个二千石级的汉朝将领，一边撤退一边破坏徐自为修筑的城堡和哨所。匈奴又派右贤王攻入酒泉、张掖，劫掠几千人。恰好汉朝派任文截击匈奴，救出汉人，使得右贤王全部丧失了掠夺的财物人口后不得不退兵。就在这一年，汉朝的贰师将军李广利攻破了大宛，斩杀了大宛国王。匈奴单于想截击汉军，但没有赶到。冬天，正当匈奴准备攻打受降城的时候，单于得病死了。呴犁湖单于只在位一年，他死后，匈奴立他的弟弟左大都尉且鞮侯为新单于。

汉朝征服了大宛，威震四方。皇帝又想进攻围困匈奴，于是颁布诏书说："高皇帝留给我平城被围困的忧虑，高后时单于来信极尽对我大汉侮辱之能事。从前齐襄公远报九代祖的仇，《春秋》表扬了这件事。"他说这番话是太初四年（公元前 101 年）的事。

（以下疑为后人所补）

且鞮侯继立单于，把原先扣留在匈奴而没有投降的汉朝使节都放回来了，路充国也在其中。且鞮侯刚刚继位，怕汉朝派兵袭击匈奴，便自己宣称："我是儿辈，

怎敢与汉朝天子相比！汉朝天子是我的长辈。”汉朝派中郎将苏武[1]送厚礼给单于，单于便骄横起来，礼节上很是桀骜不驯，并不是汉朝所期望的态度。第二年，浞野侯赵破奴逃回了汉朝。【19】

后一年，汉朝派贰师将军李广利率三万骑兵出酒泉，在天山地区打击右贤王的部队，斩杀、俘虏匈奴一万多人。匈奴大举进攻贰师将军，他几乎没能逃出来。汉朝军队损失了十分之六七。汉朝又派因杅将军公孙敖出西河郡，与强弩都尉路博德在涿涂山会合，没有什么建树。

① 苏武（？—公元前 60 年）：西汉大臣。字子卿，杜陵人，天汉元年（公元前 100 年）以中郎将持节出使匈奴，被扣留。后将他迁到北海边放羊，扬言要公羊生子方可释放。他历尽艰辛，留居匈奴十九年才被放回汉朝，官至典属国。死后，汉宣帝命画其像于麒麟阁，以彰其节操。

又派骑都尉李陵率领步兵和骑兵共五千人，出居延向北一千多里，与单于相遇，李陵杀死打伤匈奴一万多人，自己方面的兵器和粮食也都没有了，想罢兵回师。匈奴团团围住了李陵，李陵无奈投降了匈奴，他的部队全军覆没，得以生还的只有四百人。单于尊宠李陵，把自己的女儿嫁给了他。

又过了两年，汉朝又派遣贰师将军李广利率领将军和骑兵六万人，步兵十万人出朔方郡，强弩都尉路博德率领一万多人与李广利会合。游击将军韩说率领步兵和骑兵三万人出五原。因杅将军公孙敖率领一万骑兵三万步兵出雁门关。匈奴听到这个消息，便把他们的家口和财物运到余吾水以北，而单于率领十万骑兵在水南等候汉军，与贰师将军交战。贰师将军率军回归，两军连战十余天，贰师将军李广利听说他的一家因犯“巫蛊”罪受到灭族的惩罚，就收集部众干脆投降了匈奴，能够回到汉朝的将士，只不过千分之一二罢了。游击将军韩说没有什么收获。因杅将军与左贤王交战不胜，也退回来了。这一年，汉军攻击匈奴得不偿失。皇帝非常恼恨太医令随但把贰师将军家遭族灭的消息泄露出去，迫使李广利投降了匈奴，就下诏书逮捕了他。

太史公说：孔子著《春秋》，对于隐公、桓公的事记载得鲜明切实，写到定公、哀公时则很隐晦，因为对当代的事不便于直书，也没有褒扬，行文有所忌讳。用世俗观点谈论匈奴的人，侥幸一时的权势，热衷于奉承上面的意志而摇唇鼓舌，以便兜售片面的见解，而不审察敌我双方的情况。将帅们则仗恃中国广大，胆壮气粗。据此决策，建立的功业就不能牢固。唐尧虽然贤能但光靠自己是建不成功业的，得到夏禹的帮助才使九州安宁，所以说，要想发扬圣王的传统，就在于选用将相啊！

# 史记卷一百一十一
# 卫将军骠骑列传

扫描二维码
阅读本篇原文

卫青　卫子夫　汉武帝　公孙敖　李广　霍去病

大将军卫青，是平阳县人。他的父亲郑季在平阳县做小官，在平阳侯家里当差，与平阳侯的一个婢女卫媪私通，生下了卫青。卫青同母异父的哥哥叫卫长子，姐姐卫子夫在平阳公主家得到了当朝天子汉武帝的宠幸，所以冒充为卫氏。卫青字仲卿。卫长子改字长君。长君的母亲是卫媪。卫媪的长女叫卫孺，次女叫少儿，三女儿即卫子夫。卫子夫的弟弟步广，也冒充姓卫。

卫青小时候在平阳侯家做奴仆，长大些就回到父亲家中。他的父亲让他放羊。父亲正妻的儿子们都把他当奴仆看待，不算作兄弟之数。【20】一次，卫青跟人到甘泉宫，有个受钳刑[①]的犯人为他相面后说："你有贵人相，今后可以封侯。"卫青笑着说："我一个奴婢生的孩子，不挨打挨骂就满足了，哪里还能有什么封侯的事呢？"

卫青长大后，在平阳侯家里当骑士，随从平阳公主。建元二年（公元前 139 年）春天，卫青的姐姐卫子夫入宫得到汉武帝的宠爱，当时，皇后是堂邑大长公主的女儿陈阿娇，她没有为汉武帝生儿子，又生性妒忌。大长公主听说卫子夫得宠并已身怀有孕，嫉妒她，便派人抓卫青。卫青当时在建章宫当差，还不出名。大长公主抓到卫青后，就把他关起来，

① 钳刑：古代刑罚，即用铁圈束颈项。后世发展成枷。

想要杀掉他。卫青的朋友，骑郎公孙敖和其他壮士前去把他劫出来，卫青幸免一死。汉武帝听说了这件事，便召见卫青，任命他做建章宫监，加侍中的职衔，连带他的同母兄弟们也都显贵起来，几天里皇帝赏赐的东西达千金之多。后来，卫孺嫁给了太仆公孙贺做妻子。卫少儿原先跟陈掌私通，汉武帝召见陈掌并给了他官做。公孙敖也更加显贵。卫子夫做了汉武帝的夫人。卫青跟着当上了大中大夫。

元光六年（公元前 129 年），汉武帝任命卫青为车骑将军，出兵上谷郡攻打匈奴；太仆公孙贺担任轻车将军，从云中郡出兵；大中大夫公孙敖担任骑将军，从代郡出兵；卫尉李广担任骁骑将军，从雁门郡出兵。每路各有一万骑兵。卫青率军到达茏城[1]，斩杀、俘虏几百名敌人。骑将军

①茏城：一作“龙城”，又称“龙庭”。匈奴祭天、大会诸部之处。

公孙敖损失七千骑兵，卫尉李广被匈奴俘虏，后侥幸逃回。他们两人都被判斩刑，花钱赎罪做了平民。公孙贺也没有什么战功。

元朔元年（公元前128年）春天，卫夫人为汉武帝生了个男孩，被册立为皇后。这年秋天，卫青担任车骑将军，率领三万骑兵出雁门郡攻打匈奴，斩杀几千敌人。第二年，匈奴侵入边塞，杀死了辽西郡太守，掳掠渔阳郡两千余人，打败了韩安国将军的部队。汉武帝命令将军李息率军出代郡，命令车骑将军卫青率军出云中郡西到高阙，攻击匈奴。于是夺得黄河河套以南地区，直到陇西郡，斩杀、俘虏敌人几千人，缴获牲口几十万头，赶跑了白羊王和楼烦王，汉朝就把那里建为朔方郡。封卫青为长平侯，食邑三千八百户。卫青的部下苏建立有战功，封为平陵侯，食邑一千一百户，并派苏建筑朔方城。卫青的部下校尉张次公也立有战功，封为岸头侯。汉武帝说："匈奴违背天理，败乱人伦，欺凌尊长，虐待老人，以盗窃为业，诈骗邻近部落，策划阴谋，仗恃武力，多次侵犯汉朝边境，所以朝廷才调兵遣将，讨伐它的罪恶。《诗经》里不是说过吗？'攻伐猃狁，达到太原''战车出动，兵强将猛，在那北方筑城'。现在车骑将军渡过西河，直到高阙，歼灭敌军两千三百人，缴获了牲口物资，已受封为列侯，于是又向西挺进平定黄河河套以南地区，巡行榆谿（xī）旧塞，横越梓岭，在北河上架桥，讨伐了蒲泥，攻下了符离，斩杀敌人精锐士兵和捕获侦察兵三千零七十一人，经过审问俘虏，知道了敌人的去向，捉到了那些丑恶的家伙，赶回马、牛、羊一百多万头，全师凯旋。因此，增封卫青食邑三千户。"

第二年，也就是元朔三年（公元前126年），匈奴又侵入汉朝边境，杀死代郡太守恭友，后又侵入雁门郡，掳掠一千多人。元朔四年（公元前125年），匈奴大举侵入代郡、定襄郡和上郡，杀掳汉朝军民几千人。

过了一年，即元朔五年（公元前124年）春天，汉朝命令车骑将军卫青统帅三万骑兵，出高阙；卫尉苏建为游击将军，左内史[①]李沮为强弩将军，太仆公孙贺为骑将军，代国丞相李蔡担任轻车将军，统归车骑将军卫青指挥，出朔方郡；大行令李息、岸头侯张次公担任将军，出右北平郡。七位将军率领部队一齐攻击匈奴。匈奴右贤王面对汉朝七路大军，以为汉军不能到他那里，喝得酩酊大醉。汉军夜间赶到，包围了右贤王，右贤王大惊，连夜奔逃，只带着他的一个爱妾和几百个精壮士兵，冲破汉军包围向北方而去。汉朝轻骑校尉郭成追出去几百里，没有追上，俘虏右贤王属下的小王十几名，男女人众一万五千多人、牲口几十万甚至上百万头。于是卫青率部返回。军到边塞，汉武帝派使者捧着大将军印，就在军中任命卫青为大将军，诸位将领都归属大将军。卫青就地建立官号后班师回朝。

汉武帝说："大将军卫青率部征讨匈奴，出师大捷，捕获匈奴诸小王十余人，增加卫青食邑六千户。"又封卫青的儿子卫伉（kàng）为宜春侯，卫不疑为阴安侯，卫登为发干侯。卫青坚决推辞说："我有幸能在军中任职，都是仰仗着皇上

---

① 左内史：官名。秦置内史。汉景帝时改为左、右内史，汉武帝时改左内史为左冯翊，与右扶风、京兆尹共称京都三辅。掌京畿地方事。位比九卿，秩中二千石。

的神明，能够打胜仗，都是各位校尉奋力作战的结果。皇上已经给我增加了食邑，但我的儿子们还都是小孩子，没有功劳，皇上也封他们为列侯，这不是微臣在军中任职勉励将士奋勇作战的本意。卫伉等三个小孩子怎么敢接受封赏呢！”

【21】汉武帝说：“我不是忘记了诸校尉们的功劳，现在就要办这件事的。”于是命令御史说：“护军都尉①公孙敖三次跟随大将军攻击匈奴，经常调集各部，团结各将，俘获敌小王，封为合骑侯，食邑一千五百户。都尉韩说跟随大将军出窳（yǔ）浑，直捣匈奴右贤王的王庭，迫近敌人帅旗之下搏斗拼杀，封为龙頟侯，食邑一千三百户。骑将军公孙贺跟随大将军，捕获匈奴小王，封南窌（jiào）侯，食邑一千三百户。轻车将军李蔡两次跟随大将军出征并捕获匈奴小王，封为乐安侯，

① 护军都尉：武官名。不常置。主要是帮助主将帅协调各将校之间的关系。

食邑一千六百户。校尉李朔、赵不虞、公孙戎奴都是三次跟随大将军出征，捕获匈奴小王，封李朔为涉轵侯，封赵不虞为随成侯，封公孙戎奴为从平侯，三人各食邑一千三百户。将军李沮、李息及校尉豆如意都有战功，赐关内侯的爵位，食邑各三百户。”

这一年的秋天，匈奴又侵入代郡，杀死了代郡都尉朱英。

第二年春天，大将军卫青率军出定襄郡，合骑侯公孙敖担任中将军，太仆公孙贺担任左将军，翕侯赵信担任前将军，卫尉苏建担任右将军，郎中令李广担任后将军，右内史[1]李沮为强弩将军，都归属大将军卫青指挥。出征之后，斩杀、俘获几千人而还。过了一个多月，又全部出定襄郡攻击匈奴，斩杀、俘虏一万多人。右将军苏建、前将军赵信共三千余人合兵一处，独遇匈奴单于大军，激战一天多，汉军将尽。前将军赵信原来是匈奴人，投降汉朝后被封为翕侯，见情况紧急，匈奴又来引诱，便率领他的残部约八百人投降了匈奴。右将军苏建全军覆没，只身逃回向大将军自首。大将军卫青就苏建的罪行征求军正[2]闳（hóng）、长史安、议郎[3]周霸等人的意见，问道：“苏建该当何罪？”周霸说：“自从大将军出兵以来，还没有斩过副将，如今苏建丢掉了部队，应当问斩，以显示将军的威严。”闳和安说：“不对！兵法说‘如果力量太悬殊，小部队再拼力死战，也会被大部队击败’。

① 右内史：官名。秦置内史。汉景帝时改为左、右内史。汉武帝时改右内史为右扶风，与左冯翊、京兆尹共称京都三辅。掌京畿地方事。位比九卿，秩中二千石。

② 军正：官名。军队中的法官。

③ 议郎：官名。郎官的一种，类似参谋。掌议论。

苏建以几千人抵挡单于几万大军，力战一天多，士兵拼光了，他不敢有二心，回来自首。自首了却要杀他，这等于是告诉大家打了败仗就不要回来。苏建不应当杀。”大将军卫青说：“我有幸以皇上的肺腑之亲在军中任职，不愁没有威信，而周霸却劝我树立威信，很失为臣的本意。即使我有权斩将，但以我如此受皇上尊宠，而不敢擅权专杀于国境之外，而要详细向天子汇报，让天子自己去处理，并以此向皇上表明做臣子的不敢专权，这不也是很好吗？”军官们都说：“好！”于是，苏建被打入囚车，送到汉武帝外出巡行的所在地。他们也罢兵，回到了塞内。

这一年，大将军卫青的外甥霍去病已经年满十八岁，新近得到汉武帝的宠爱，担任侍中的职务。霍去病善于骑马射箭，两次跟随大将军卫青出征，大将军根据皇上的旨意派给他壮士，让他担任剽姚校尉①。他带着八百名轻捷勇猛的骑兵，甩开大军几百里，去夺取战功，杀俘敌人很多。于是汉武帝说：“剽姚校尉霍去病歼敌二千零二十八人，包括匈奴的相国、当户，杀死单于祖父一辈的籍若侯产，生俘单于的叔父罗姑比，功劳两次在全军数第一，封霍去病为冠军侯，食邑一千六百户。上谷太守郝贤四次跟随大将军，杀俘敌军二千多人，封为众利侯，食邑一千一百户。”这一年，汉朝损失了苏建、赵信两个将军的部队，翕侯赵信投降了匈奴，军功不多，所以大将军卫青没有增加食邑。右将军苏建被押到皇帝面前后，天子没有诛杀他，赦免了他的罪过，让他出钱赎罪，贬为庶人。

---

① 剽姚校尉：校尉的名号。剽姚，雄健敏捷的意思。

大将军卫青回来后，皇帝赏赐他一千金。这时王夫人正受到汉武帝的宠爱，宁乘劝大将军卫青说：“将军之所以立功不太多而享受万户封邑，三个儿子都被封为列侯，只是因为皇后的关系。现在王夫人受宠而她的宗族没有显贵，希望将军奉献皇上所赐的千金给王夫人的双亲做寿礼。”卫青听从了他的意见，便拿出五百金去祝寿。汉武帝听到这件事，询问他是怎么回事，卫青照实说了。汉武帝便任命宁乘做了东海郡都尉。

张骞也在大将军的部下，他曾经出使大夏，在匈奴境内待过很久，可以给大军做向导，知道在水草茂盛的地方，大军就不会受饥渴的苦恼，因为之前出使遥远的国家有功劳，被封为博望侯。

冠军侯霍去病已经封侯三年，即元狩二年（公元前121年）春天，汉武帝任命他为骠骑将军率领一万骑兵出陇西郡，立了战功。汉武帝说：“骠骑将军率领部队越过乌盭（lì）山，讨伐遬濮，渡过狐奴河，经过五个王国，不掠取臣服者的物资人口，指望捉获匈奴单于的儿子。转战六天，越过焉支山一千多里，跟敌人短兵相接，杀死了折兰王，斩了卢胡王，诛了全甲，活捉浑邪王及其相国、都尉，斩杀、俘虏敌人共八千多人，缴获了休屠王的祭天金人。加封霍去病食邑二千户。”

这年夏天，骠骑将军霍去病和合骑侯公孙敖同出北地郡，然后兵分两路；博望侯张骞、郎中令李广同出右北平郡，然后也兵分两路。四路人马都去攻打匈奴。郎中令李广率领四千骑兵先到，博望侯张骞率领一万骑兵随后到达。匈奴左贤王率领几万骑兵包围了郎中令李广，交战两天，汉军死伤过半，杀死的敌人更多。博望侯张骞赶到后，匈奴兵撤走了。博望侯因犯行动迟缓贻误军机的罪名，论罪当斩，后赎罪做了平民。而骠骑将军霍去病出了北地郡，已进一步向前深入，由于合骑侯公孙敖走错了路，没有遇上。骠骑将军越过居延泽，到达祁连山，歼灭敌军很多。汉武帝说："骠骑将军越过居延泽，过小月氏[①]，攻祁连山，俘虏酋涂王，成群结队投降的有二千五百人，斩杀敌军三万零二百人，俘获五个小王和他们的母亲，以及匈奴单于的阏氏和小王的儿子共五十九人，相国、将军、当户、都尉共六十三人，汉军减员大约十分之三，加封霍去病食邑五千户。赐予跟随骠骑将军到达小月氏的校尉们以左庶长的爵位。鹰击司马[②]赵破奴两次跟随骠骑将军出征，斩遬濮王，捕获稽沮王，千骑将俘获匈奴小王和他们的母亲各一人，王子以下四十一人，俘虏敌军三千三百三十人；先锋部队俘虏一千四百人。封赵破奴为从骠侯，食邑一千五百户。句王高不识跟随骠骑将军捕获呼于屠王王子以下十一人，捕获俘虏一千七百六十八人，封高不识为宜冠侯，食邑一千一百户。校尉仆多立有战功，封为煇渠侯。"合骑侯公孙敖犯有行动迟缓、没与骠骑将军会师的罪行，按律当斩，赎罪做了平民。各位老将所统率的士兵、马匹、武器装备也都不如骠骑将军，他们经常犯行动迟缓，抓不住战机的失误。骠骑将军霍去病的部队则经过挑选，他本人也敢于深入敌人作战，常常带着精壮骑兵跑在大部队前

① 小月氏：部族名。汉文帝时，匈奴进攻月氏，西迁者为大月氏，入祁连山的部分为小月氏。

② 鹰击司马：即司马。汉制，大将军营五部，部各置军司马一人。鹰击司马即此职。

面，另外，他的部队似乎也有天公照应，从来没有遇到过大的危险。从此，骠骑将军霍去病越来越受汉武帝的宠信，也越来越加显贵，与大将军卫青不相上下。

这一年的秋天，匈奴单于恼怒浑邪王居于西方屡屡败在霍去病的手下，损失了几万人，打算把他叫来杀掉。浑邪王与休屠王商量，准备投降汉朝，派人到边境等候汉人，告诉他们这个信息。当时大行令李息正在黄河岸边筑城，见到浑邪王的使者后，立即飞报朝廷。汉武帝得知后，怕匈奴以诈降的手段偷袭边境，派遣骠骑将军霍去病率领部队前去接应他们。骠骑将军渡过黄河后，与浑邪王的部队远远相望。浑邪王的部将看见汉军，有些不想投降了，纷纷逃去。骠骑将军就飞马驰入匈奴军中，与浑邪王相见，杀掉不想投降的八千人，接着让浑邪王乘坐驿站的传车先到汉武帝巡行所在处，自己亲率浑邪王的全部人马渡过黄河。【22】投降的有几万人，号称十万人。到了长安，皇上赏赐的钱有几十亿之多。赐封浑邪王为漯阴侯，食邑一万户。封浑邪王的副王呼毒尼为下摩侯，鹰庇为煇渠侯，禽梨为河綦（qí）侯，大当户铜离为常乐侯。于是，汉武帝表彰骠骑将军霍去病的功劳说："骠骑将军霍去病率领部队攻打匈奴西边浑邪王的部队，浑邪王和他的部众都来投降。骠骑将军对他们都用军粮维持给养，并率领他们的射手一万多人，诛杀了那些凶恶的、不想投降的家伙八千人，降服匈奴各王三十二人，汉朝军队没有损伤，十万匈奴军民全部倾心归服。由于骠骑将军霍去病不辞辛苦，连续率军出征，因而黄河上游和边塞地区，几乎可以说再没有边患，获得永久安宁。加封骠骑将军霍去病食邑一千七百

户。”从此，汉朝把陇西、北地、上郡三郡驻守的军队减少了一半，以减轻天下百姓的徭役负担。

过了不久，朝廷把归降的匈奴人迁徙到边境五个郡外，都在河南地区，并保留他们的习俗，作为汉朝属国，设都尉加以监护。第二年，匈奴又侵入右北平、定襄两郡，杀害、掠掳汉朝官吏和百姓一千多人。

过了一年，汉武帝和众将议论说：“翕侯赵信为匈奴单于出谋划策，说汉军不能渡过大沙漠，不敢轻入久留，现在我们发大军出击，一定能实现我们的愿望。”这一年是元狩四年。

元狩四年（公元前 119 年）春天，汉武帝命令大将军卫青和骠骑将军霍去病各领五万骑兵，另有步兵和运输人马紧随大军几十万人，其中那些敢于力战深入的精壮士兵都隶属骠骑将军。骠骑将军霍去病开始将要出定襄郡，直指单于。后来听俘虏说单于在东面，于是汉武帝改让他出代郡，而让大将军卫青出定襄郡。郎中令李广担任前将军，太仆公孙贺担任左将军，主爵都尉赵食其担任右将军，平阳侯曹襄担任后将军，他们都隶属于大将军卫青。军队即将越过沙漠的时候，卫青的人马有五万，与骠骑将军约好共同进攻单于。赵信给匈奴单于出主意说："汉军渡过大沙漠后，人疲马乏，我们可以坐收胜利俘虏他们了。"单于就把他的全部物资远远运到北方，带着全部精兵在沙漠北部等待汉军。恰好大将军卫青率领部队出塞一千多里，看到单于兵马列阵而待，就下令让武刚车围成营栅，而放出五千骑兵去冲击匈奴。匈奴也放出大约一万骑兵。正好在太阳将落之时刮起了大风，黄沙扑面，两军都看不到对方，汉军更派出左、右两翼包抄单于。单于看见汉军很多，人强马壮，怕打下去对自己不利，在天快黑的时候，便乘坐六匹骡子拉的车子，带着几百精壮骑兵，冲出包围圈向西北逃去。这时天黑下来了，双方混战在一起，死伤大体相当。汉军捉到的俘虏说单于在天没黑时就已逃脱，汉军随即派出轻骑兵乘夜追击，大将军卫青率领大部队跟在后面。将近天明，汉军追出两百多里，没有捉到单于，俘虏、斩杀敌军一万多人，终于抵达阗（tián）颜山赵信城，得到匈奴囤积的粮食供部队食用。汉朝大军在那里停留一天，全部烧掉剩下的粮食才回来。

在大将军与匈奴会战的时候，前将军李广和右将军赵食其另从东路前进，迷失了道路，失去了攻打单于的战机。大将军卫青撤军回到沙漠的南面，才碰上前将军李广和右将军赵食其。卫青想要叫人将有关情况报告皇上，就命令长史去审问前将军李广，李广自杀了。右将军赵食其回到长安后，交由司法官吏审问判罪，后来花钱赎罪做了平民百姓。大将军卫青这次作战总计斩杀、俘虏匈奴一万九千余人。

这时匈奴残余人马与单于失去联系十多天，右谷蠡王以为单于已死，便自己登位做了单于。后来单于又重新找回了他的部众，右谷蠡王又自动去掉了单于的称号。

骠骑将军霍去病也带领五万骑兵，军需辎重与大将军卫青所部相同，但没有副将，便将李敢等人作为高级校尉或者偏将使用。兵出代郡、右北平郡一千多里，直指匈奴左方的部队，杀俘敌人的功劳远远超过大将军卫青的功劳。大军还朝后，汉武帝说："骠骑将军霍去病率军出征，亲自率领俘获和归服来的匈奴勇士，轻装穿越大沙漠，涉过章渠水，诛杀了比车耆，然后转攻匈奴左大将，夺得他们的军旗战鼓，继而越过离侯山继续挺进。渡弓闾水后，俘获匈奴屯头王、韩王等三人，将军、相国、当户、都尉八十三人。在狼居胥山祭天，在姑衍山祭地，登山眺望瀚海。此次出兵共歼灭匈奴七万零四百四十三人，汉军减员十分之三，大军取食于敌，军行极远而粮草不绝。因此，加封骠骑将军霍去病食邑五千八百户。"这次受封的还有：右北平太守路博德与骠骑将军霍去病会师在与城，没误军期，又跟随骠骑将军直到梼余山，斩杀、俘虏敌人二千七百人，封为符离侯，食邑一千六百户；北地都尉邢山跟随骠骑将军，俘获匈奴小王，封义阳侯，食邑一千二百户；先前归服朝廷的因淳王复陆支、楼专王伊即靬（qián）都跟随骠骑将军立有战功，封复陆支为壮侯，食邑一千三百户，封伊即轩为众利侯，食邑一千八百户；从骠侯赵破奴、昌武侯赵安稽跟从骠骑将军立有战功，各加封食邑三百户；校尉李敢夺得敌人军旗战鼓，封为关内侯，食邑二百户，校尉徐自为赐大庶长的爵位。其他升官和受赏的很多。而大将军卫青这次没有得到加封，其所属部队的军官、士兵也都没有封侯的。

大将军卫青和骠骑将军霍去病率领两路人马出征时，边境的官吏查阅官马和征集来的私人马匹共十四万，而作战回来再入境的还不足三万匹。朝廷从这时候开始增设了大司马①的职位，大将军卫青、骠骑将军霍去病都当上了大司马。同时在法律上规定骠骑将军的官阶俸禄同大将军一样。从此以后，大将军卫青的权势日益减退，而骠骑将军霍去病日益显贵，卫青的老熟人和门客很多都离开他而投靠到霍去病那里去，并且总能得到官爵，只有任安不肯这样做。

骠骑将军霍去病平时为人少言寡语，从不泄露别人的隐秘，而且有胆气，敢作敢为。汉武帝曾经想教给他孙武、吴起的用兵之道，但他说："作战只要看临阵的谋略就行了，不必学习古代的兵法。"汉武帝为他建造华丽的住宅，他说："匈奴还没有消灭，不考虑自己的小家。"因此汉武帝更加看重他宠爱他。但霍去病从少年时候起就在皇帝左右侍候，尊宠惯了，平时不大关心士兵。他率军出征时，汉武帝给他加派太官②，光吃的食物就有几十马车，回来时就扔掉剩余的米和

---

① 大司马：官名。汉武帝罢太尉置大司马。西汉一朝，常以授掌权的外戚，多与大将军、骠骑将军、车骑将军等联称，也有不兼将军号的。

② 太官：官名。主管膳食。属少府。

肉，而军中的士兵很多却在挨饿。他在塞外的时候，军中缺粮，有的士兵饿得有气无力，而他却照常画球场踢球。像这一类的事情很多。大将军卫青为人要仁爱善良得多，遇事谦和退让，依靠性情柔和讨皇上的喜欢，天下人却并不称道他。

骠骑将军在率军于元狩四年（公元前 119 年）出征后的第三年，也就是元狩六年（公元前 117 年），不幸去世。汉武帝哀悼他，征调附属国的铁甲军，列队从长安直到茂陵，模拟着祁连山的形状为他修坟墓，谥号景桓①侯。他的儿子霍嬗年纪很小，表字子侯，汉武帝很喜爱他，期望他长大后也担任将军，就让他继承了爵位。但过了六年，也就是元封元年（公元前 110 年），霍嬗也去世了，谥号哀侯。霍嬗没有儿子，霍家断绝了后代，于是封地被废除。

骠骑将军霍去病死后，卫青的长子宜春侯卫伉因犯法失去了侯爵，又过了五年，卫伉的两个弟弟，阴安侯卫不疑和发干侯卫登都因犯酎金罪被夺去侯爵。此后两年，冠军侯的封国被取消了。又过了四年，大将军卫青病逝，谥号为烈侯。他的儿子卫伉为长平侯。

自从大将军卫青围攻单于十四年后去世，在这期间汉朝始终没再攻打匈奴，一是因为马匹少，二是当时汉朝正在向南方讨伐两越，向东攻打朝鲜，以及攻打羌人和西南夷，无暇顾及匈奴。

由于卫青娶了平阳长公主的缘故，在他死后，被谥封为

---

① 景桓：布义行刚曰景，辟土服远曰桓。西汉政府认为霍去病威武刚强，立有开辟疆土、征服边远之敌的功劳，因此合并了“武”与“广地”这两层意思，给了他“景桓”这一谥号。

烈侯，并让他的儿子卫伉接替侯位，为长平侯。又过了六年，卫伉因为犯法失去了侯爵。

下面是大将军卫青和骠骑将军霍去病部下主要将领名单。

大将军卫青的功勋总计：出击匈奴七次，斩杀、俘虏敌人五万多；与匈奴单于直接交战一次，收复河南地区，汉朝在那里设置了朔方郡；两次增加食邑，共一万一千八百户；三个儿子被封侯，各食邑一千三百户，全家加在一起共一万五千七百户；跟随大将军出征的校尉、裨将已被封侯的有九人，未被封侯但成为将军的十四人。其中裨将李广自己有传记，没有单独列传的是：

将军公孙贺，义渠人，祖先是胡人。他的父亲公孙浑邪在汉景帝时被封为平曲侯，因犯法失去侯爵。公孙贺在汉武帝还是太子时，做他的舍人。汉武帝即位八年后，以太仆身份担任轻车将军，驻军在马邑。四年后，以轻车将军身份率部出云中郡攻打匈奴。五年后，以骑将军身份跟随大将军卫青出征，立有战功，被封为南窌侯。一年后，以左将军身份再次跟随大将军卫青出定襄郡，无功而返。四年后，因犯酎金罪失去侯爵。八年后，以浮沮将军身份率部出五原郡两千多里，没有立功。八年后由太仆担任丞相，受封为葛绎侯。公孙贺七次做将军，没有立过大功，却两次封侯，还做了丞相。后来因为儿子公孙敬声与汉武帝的女儿阳石公主通奸，又搞巫蛊阴谋，被灭族，没有留下后代。

将军李息，郁郅县人。起初在汉景帝手下做事，汉武帝即位后八年，他被任命为材官将军，驻军在马邑。过后六年，担任将军，率军出代郡。又过了三年，担任将军，跟随大将军卫青出朔方郡。都没有战功，以后经常担任大行令。

将军公孙敖，义渠人。最初以郎官身份在汉武帝手下做事。汉武帝即位十二年，他担任骑将军，兵出代郡，损失士兵七千人，被判处死刑，后赎罪做了平民。五年后，以校尉身份跟随大将军卫青出击匈奴，立了战功，被封为合骑侯。一年后，以中将军身份跟随大将军卫青出征，两次带兵出定襄郡，没有战功。两年后，以将军身份出北地郡，误了军期，论罪当斩，花钱赎为平民。两年后，以校尉身份跟随大将军卫青出征，没有战功。过了十四年，以因杅将军身份率军修筑受降城。又过了七年，仍以因杅将军身份两次出击匈奴。打到余吾水，损失部队太多，交由司法官审判，论罪当斩，让人诈称自己死了，藏匿于民间五六年，后来被发觉，再次入狱。因为他的妻子搞巫蛊阴谋，被灭族。公孙敖总共四次担任将军，率兵出击匈奴，一次受封为列侯。

将军李沮，云中县人。起初在汉景帝手下做事。汉武帝即位十七年，以左内史身份担任强弩将军。过了一年，再担任强弩将军。

将军李蔡，成纪县人。曾先后在汉文帝、汉景帝、汉武帝三朝皇帝手下做事。以轻车将军身份跟随大将军卫青出击匈奴，立有战功，受封为乐安侯。随后担任了丞相，因犯法自杀身死。

将军张次公，河东郡人。以校尉身份跟随大将军卫青出击匈奴，立有战功，受封为岸头侯，这以后王太后去世，他以将军身份驻北军总部。过了一年，以将军身份跟随大将军卫青出征讨伐匈奴。他两次担任将军，因犯法失去侯爵。他的父亲张隆，是轻车[1]部队的射箭武士。由于箭射得好，很受汉景帝的亲近宠爱。

将军苏建，杜陵县人。以校尉身份跟随大将军卫青出征，立有战功，受封为平陵侯，后以将军身份带兵修筑朔方城。过了四年，以游击将军的身份跟随大将军卫青出朔方郡。又过了一年，以右将军身份两次随大将军出定襄郡，翕侯赵信叛逃，他也损失了很多军队，被判处死刑，赎为平民。以后又担任了代郡太守，去世后，葬在大犹乡。

将军赵信，以匈奴相国身份率军投降汉朝，被封为翕侯。汉武帝即位十七年，作为前将军率军与单于会战，兵败后投降匈奴。

将军张骞，曾以汉朝使者身份出访大夏，留在匈奴那里很久。回来后担任校尉，跟随大将军卫青出征，因为有他做向导，汉军免于遭受饥渴，立有战功，被封为博望侯。过了三年，担任将军，兵出右北平，误了军期，论罪当斩，赎罪做了平民。后来出使乌孙，在担任大行令时去世，死后葬在汉中郡。

将军赵食其，祋祤（duì yǔ）县人。汉武帝二十二年，

---

① 轻车：驾轻车作战的部队。西汉兵种之一。最初用于战争，后逐渐演变为帝王的仪仗部队。

以主爵都尉身份担任右将军，跟随大将军出定襄郡，因迷路误了军机，论罪当斩，赎罪做了平民。

将军曹襄，以平阳侯的身份担任后将军，跟随大将军卫青率军出定襄郡。曹襄是曹参的孙子。

将军韩说，他是弓高侯韩穨当的庶出孙子。以校尉身份跟随大将军卫青出征讨伐匈奴，立有战功，被封为龙頟侯，因犯酎金罪失去侯爵。元鼎六年（公元前111年），以待诏[1]的身份担任横海将军，攻击东越有功，被封为按道侯。太初三年（公元前102年），担任游击将军，在五原塞外的各城驻防。后来担任光禄勋，到太子宫里挖掘巫蛊，卫太子把他杀了。

将军郭昌，是云中郡人。以校尉身份跟随大将军卫青出征讨伐匈奴。元封四年（公元前107年），以太中大夫身份担任拔胡将军，驻守在朔方郡。回来后带兵攻打昆明，没有战功，被夺去将军印信。

将军荀彘是太原郡广武县人。以擅长驾车在宫中侍候。在担任校尉期间多次随大将军出征伐匈奴。在元封三年（公元前108年）担任左将军攻打朝鲜，没有战功，因擅自逮捕楼船将军杨仆，触犯法律被处死。

骠骑将军霍去病的功勋总计：共六次攻打匈奴，其中四次是以将军身份，斩杀、俘虏敌人十一万多人，到匈奴浑邪王带着几万人来投降之后，汉朝终于开拓了河西地区酒泉各部，西部匈奴侵扰边疆的事件大大减少。【23】他四次被加封，食邑共有一万五千一百户，他的

① 待诏：官名。实际上是候补官员。汉代征士凡特别优异的，待诏于金马门。

【23】

部下校尉军官因为有军功被封为列侯的共六人，而后来担任将军的只有二人，这二人是：

将军路博德，平州县人。以右北平郡太守的身份跟随骠骑将军霍去病出征讨伐匈奴，立有战功，被封为符离侯。骠骑将军死后，路博德以卫尉身份担任伏波将军，攻破南越，增加了食邑。以后因犯法失去侯爵。继而担任强弩都尉，屯兵在居延，直到故去。

将军赵破奴，原是九原县人，曾经逃入匈奴，不久又回到汉朝，担任骠骑将军霍去病部下的司马官。出北地郡作战时立有战功，被封为从骠侯。后因犯酎金罪失去侯爵。一年后，担任匈河将军，攻打匈奴到匈河水，但没有战功。过了两年，活捉了楼兰王又受封为浞野侯。又过了六年，担任浚稽将军，统率两万骑兵攻打匈奴左贤王，左贤王以八万骑兵的优势包围了他，他本人在全军覆没后被活捉。在匈奴住了四年，又和儿子赵安国逃回汉朝。后来因犯巫蛊罪行，判处灭族，满门抄斩。

自从卫家兴起，卫青首次受封，后来他的子孙有五人被封为列侯。但前后二十四年的时间五个列侯都被剥夺，卫家就再也没有做列侯的人了。

太史公说：苏建曾经对我说："我曾经责备大将军的地位崇高而被尊重，而天底下的贤士大夫却不称赞，希望大将军能够效仿古代的名将，努力招贤纳士。大将军谢绝说：'自从魏其侯、武安侯厚待宾客，天子总是咬牙切齿。亲近士大夫，招贤纳士，贬黜无能的人，是皇帝的权力，为人臣子应该奉公守法，尽职尽责，何必招贤纳士呢？'"骠骑将军霍去病大概也是这样做的，这就是将军的做法。

# 史记卷一百一十二

# 平津侯主父列传

扫描二维码
阅读本篇原文

## 公孙弘　汉武帝　汲黯　主父偃　徐乐　严安

丞相公孙弘，是菑川国薛县人，表字为季。年轻时担任过薛县管理监狱的小官吏，因为有罪被罢官。家境艰难，只好到海边放猪为生。直到四十多岁，才开始学习《春秋》和各名家对《春秋》的解释。母亲早逝，公孙弘奉养后母十分孝顺谨慎。

建元元年（公元前 140 年），汉武帝刚刚即位，招考选拔贤良文学[①]之士。当时公孙弘年已六十，应皇上征召，以贤良文学之士的身份进宫被任为博士。后来奉命出使匈奴，还朝报告，不符合汉武帝的心意，一生气，认为他无能。公孙弘便借口有病，辞官回归故里。

元光五年（公元前 130 年），汉武帝又有命令征召贤良文学之士，菑川国又推荐公孙弘。公孙弘推辞说："我过去也曾西去长安应皇上之命，因为无能罢官回来，这次希望另选他人。"但菑川国坚持要推荐他，于是他来到了太常那里。太常命令所有征召来的读书人按竹简上提出的问题陈述自己的意见，也称之为对策。参加对策的共一百多人，公孙弘的成绩排在后面。对策文章奏知汉武帝，汉武帝选他的对策文章作为第一名，并召入宫内接见他。汉武帝见公孙弘相貌堂

① 贤良文学：汉代选拔统治人才的科目之一。汉文帝为了询访政治得失，始诏"举贤良方正能直言极谏者"。中选者则授予官职。武帝时复诏举贤良或贤良文学。名称时有不同，性质仍无异。西汉后期，儒生往往借此取得出身。

堂，仪表不凡，就任命他做博士。当时朝廷正在修建通往西南夷的道路，在那里设郡。巴郡、蜀郡的百姓负担十分沉重，生活痛苦不堪。汉武帝派公孙弘前去调查这件事，他回来向汉武帝报告时，极力陈说西南夷没有什么可利用的资源，对汉朝没有什么用处。汉武帝没有听他的话。

公孙弘这个人平时为人气度非凡，见多识广，他常说，做君王的最怕胸怀不广大，做臣子的最怕生活不节俭。他平时用的是粗麻布做的被子，一顿饭不吃两种肉菜。他的继母死了，他为之服丧三年。每次朝廷商议国家大事，他总是将有关的事项陈述得一清二楚，让皇帝自己作出决定，从不喜欢当面反驳，当庭辩论。久而久之，汉武帝观察他，认为他的品行忠厚，言谈有口才，办事有条理，通晓文书法令和官吏公务，而又用儒家学说①加以掩饰，不露锋芒，因此汉武帝十分喜欢他。两年内官升至左内史。公孙弘向武帝奏明事情，有时不被采纳，也不会在朝廷辩白。他曾经与主爵都尉汲黯依次在皇帝面前陈述公务，每次总是由汲黯先把问题提出来，公孙弘再接着推究论述，皇上常常很高兴，他所说的话都听从，公孙弘也由此日益受到宠幸，尊贵起来。有一次，他与朝廷大臣们约定了某项建议，可是一到皇帝面前，他却完全背弃了约定而顺从皇帝的意见，汲黯对此很是恼火，斥责他说："齐地的人多欺诈而不老实。开始是你同我们一起商量提出这项建议，现在到了皇上面前你又全部背弃了约定，你这是对皇上不忠。"皇上质问公孙弘这是怎么回事，公孙

① 儒家学说：指儒家的学术思想和政治主张。儒家是由春秋时期的孔子创立的学派，其学说的主要内容为"仁"，提倡"中庸"，主张"德治"和"仁政"。

弘谢罪说："了解我的以为我忠诚，不了解我的以为我不忠诚。"皇上认为他说得有道理。汉武帝身边的那些宠臣经常找机会诋毁公孙弘，但汉武帝却越来越优待他。【24】

元朔三年（公元前126年），御史大夫张欧被免职，汉武帝让公孙弘担任这个职务。当时朝廷正在打通通往西南夷的道路，在东面设置沧海郡，北方修筑朔方城。公孙弘屡次进谏，认为国家耗费人力财力去干这些事，实在是一点用处也没有，希望马上停下来。于是汉武帝就让朱买臣等人就如何设置朔方郡更有利来批驳公孙弘，向他提出了十个问题，结果公孙弘一个也答不上来。公孙弘只得谢罪说："我是山东孤陋寡闻的人，不知道修筑朔方郡城还有这么多的好处，希望停止打通西南夷道和沧海郡的工程，集中力量建设朔方郡。"汉武帝答应了他的这个请求。

汲黯对汉武帝说："公孙弘位在三公，俸禄很多，然而却盖麻布做的被子，这是欺诈的行为。"汉武帝就此质问公孙弘，公孙弘谢罪说："有这么回事。九卿之中与我关系好的没有一个能超过汲黯的。然而今天他当着皇上的面当庭责难我，正说中了我的毛病。以三公这样的地位和身份使用布被，确实是装饰欺诈，想以此沽名钓誉。我听说过去管仲做齐国的丞相，全国税收的十分之三归于他家，其奢侈的程度可以和齐国的国君相媲美，齐桓公依靠他的辅佐而称霸诸侯，他这也可以说是超越了本分甚至于在国君之上；晏婴辅佐齐景公，一顿饭不吃两种肉菜，侍妾们不穿丝织的衣服，齐国也治理得很好，这是向下与平民百姓相比。如今我官居御史大夫，却用粗麻布的被子，弄得大小官吏都没有了尊卑之差，汲黯说得确实对。再说如果

【24】

没有汲黯对皇上的一片忠心，陛下您怎么能听到这些话呢？”汉武帝听了这番话，认为公孙弘具有谦让的美德，更加看重他了，最终任命他做了丞相，封为平津侯。

公孙弘为人猜疑嫉妒，表面上宽宏大量，内心城府深不可测。那些曾经和他有过矛盾的人，公孙弘表面上跟他们都很友好，暗地里却给他们使坏，打击报复，使人家蒙受祸患。杀掉主父偃，放逐董仲舒[①]到胶西，都是他给皇帝出的点子。公孙弘自己节衣缩食，但那些老朋友和门客们却都依靠他而获得衣食，他用自己的俸禄供养他们，自家所剩无几。也正因如此，那些士大夫们都认为他好，赞扬他的节俭。【25】

淮南王刘安和衡山王刘赐联合谋反。就在惩办谋反集团、追查同党的紧要关头，公孙弘却病得很厉害，他自以为没有什么功劳而被封爵，官至丞相，应当辅佐圣明的君主治理国家，使人遵循臣子之道。现在诸侯有叛逆的阴谋，这都是因为丞相不称职所致。他担心自己默默地死去，无法搪塞责任，于是上书给汉武帝说：“我听说天下的常道有五个方面，用以实行这些常道的美德有三种。五个常道是君臣、父子、兄弟、夫妇、长幼之序。三种美德，就是智、仁、勇。这三方面是天下的常德，是用来实施常道的。所以说‘努力实践近于仁义，勤学好问近于智慧，知道羞耻近于勇敢。知道并且理解了这

---

① 董仲舒（公元前179年—公元前104年）：西汉思想家。广川人。少治《春秋》。景帝时为博士，武帝时，以贤良对策，提出“君权神授”“天不变，道亦不变”学说。又创立“三纲”“五常”体系，要求武帝罢黜百家，独尊儒术，被武帝采纳，开此后二千余年以儒学为正统的局面。曾任江都王和胶西王相，后托病辞官，专事修学著书。今存有《春秋繁露》《举贤良对策》。原有集一卷，已佚。

【25】

三条，就懂得如何自我约束；懂得如何自我约束，然后才能懂得如何治理国家’。天下没有不能自我约束却能够治理国家的，这是百世不变的基本道理。如今陛下躬行大孝，借鉴三王之道，建立同朝那样的政令，兼备周文王、周武王的德才，选拔贤才，衡量才能授官。我的才能平庸低下，对朝廷没有汗马之劳，陛下特别厚待我，从一般平民百姓中把我提拔起来，封为列侯，位在三公之列。我自量德行不能享此尊荣，担此重任，而且我平时就有负薪之病[①]，恐怕要先于狗马一类的动物而死去，最终无法报答陛下的知遇之恩。请允许我交回列侯印信，辞职退休，给贤能的人让路。”汉武帝答复他说：“奖赏有功的人，表彰有德的人，守成的时候崇尚文治，遇乱的时候重视武功，自古各朝没有改变这个原则的。朕当年勉强继承了皇位，心中忧惧不得安宁，只想与诸位共同治理好天下，您应当理解我的心意。而且君子喜欢善与美，憎恨丑与恶，只要您谨言慎行，就能够经常在我的左右辅佐。您不幸偶然染上霜露一样的小病，何愁不能很快痊愈，竟然上书要求归还列侯印信，要辞官退休，这是宣扬暴露我的无德啊！现在朝中事情不算太多，请您少思虑，安心养病，保养精神，再辅之以医药。”于是，汉武帝又给他续了病假，并赏赐许多牛、酒和绸缎。过了几个月，公孙弘的病好了，又开始上朝办公。

元狩二年（公元前 121 年），公孙弘在丞相职位上去世，终年八十岁。他的儿子公孙度继承了侯爵爵位。公孙度任山阳郡太守十多年，后来因为犯法丢了侯爵。

---

① 负薪之病：这是称自己有病的委婉说法。意思是背柴劳累，体力尚未恢复。

主父偃是齐地临菑人。他学的是纵横家[①]的学术，晚年才学《周易》《春秋》以及百家之说。他在齐地读书人之间游说，没有人厚待他，齐地的儒生们一齐排斥他，使他在齐地没有容身之地。家里又很穷，无处借贷，于是向北游于燕、赵、中山等地，都没有受到厚待，客居他乡，甚为窘困。汉武帝元光元年（公元前 134 年）中，主父偃认为诸侯中没有值得他去游说的，于是向西入关求见大将军卫青。【26】卫青多次向汉武帝提起他，汉武帝始终不召见。主父偃在京居久，手头拮据，那些官僚门客们都很讨厌他。他于是直接向朝廷上书。书信早晨送到汉武帝那里，晚上就被召入宫中拜见皇上。他的上书讲了九件事，八项讲的是律令，一项讲的是讨伐匈奴。他在文中说：

我听说贤明的君主不厌恶恳切的谏言以增长见识，真正的忠臣不敢逃避最严厉的责罚而直言陈谏，这样才能避免失策而功名流传万世。现在臣不敢隐瞒忠言，逃避死罪以奉献拙计，希望陛下赦免臣的罪过，稍微鉴察臣的意见。

《司马兵法》[②]说："国家虽大，好战必然亡国；天下虽然太平，忘记战争就十分危险了。天下已经平定，天子高奏大凯[③]之乐，春秋狩猎，诸侯春天整顿军队，秋天练兵，用以表示不忘记战争。"发怒是违背道德

① 纵横家：战国时从事政治外交活动的谋士。主要人物有苏秦、张仪等。苏秦合纵，张仪连横，南与北合为纵，东与西合为横。他们分别代表合纵（六国联合拒秦）、连横（六国分别事秦）两派。故有纵横家之称。

② 《司马兵法》：中国古代兵书。战国时齐威王命大夫整理古司马兵法，而把穰苴兵法附其中，定名《司马穰苴兵法》。全书共一百五十篇，今仅存五篇。

③ 大凯：据传是周王班师整军时所奏的音乐。

【26】

的，兵器乃是残暴的工具，进行争斗是微末之节。古时君主一旦发怒必定杀人流血，因此，圣明的君主向来慎重行事。致力于战争胜利而穷兵黩武的人，到头来没有不招致悔恨的。从前秦始皇凭着战胜者的威风，蚕食天下，吞并列国，海内成一统，其功绩与夏、商、周三代同等。但他仍无休止地致力于武功，又想攻打匈奴，李斯劝诫他说："不能这样做。那匈奴素无定居的城郭村镇，没有防守的场所，迁移的时候就如同鸟一样飞来飘去，很难得到他们，就是得到了也很难控制。而且轻装的军队深入，粮草必定难以接济，如果粮草随大军行动，必然加重军队负担，影响行军打仗，耽误战事。取得他们的土地得不到什么利益，得到他们的人民不能役使守护。因此，战胜了必定要杀掉他们，这不是百姓父母该做的事。再说竭尽天下财力，使江山疲惫衰败，而以征伐匈奴为乐，这不是长久之计。"秦始皇帝不听李斯的话，于是派大将蒙恬率领军队攻打匈奴，开辟疆土千里，以黄河河套作为边境。那里本来就是多水泽的盐碱地，不长五谷。又发动了天下成年男子去那里驻守。军队在荒郊野外风餐露宿十多年，死去的士兵不计其数，始终不能越过黄河北上。这难道是人马不足，武器不精良吗？是当时的形势不允许呀！这还不算，秦朝又驱使天下百姓运粮运草，远从靠海的黄县、腄县、琅邪郡辗转运输到秦军守地北河，发运三十钟才能运到一石。天下男子辛勤耕种不足以满足粮饷之需，女子起早贪黑纺织也满足不了军队帷帐之求。百姓们困苦不堪，孤寡老弱者得不到扶养，路上死者不断，因此，天下开始反叛秦朝了。

等到高祖皇帝平定了天下，便在边境攻城略地，听说匈奴聚集在代谷之外，就准备进攻他们。御史成进规劝说："这件事不可行。那匈奴的本性，如同鸟兽一样聚散无常，追赶他们就如同捕捉影子一样。如今以陛下这样大的恩德去进攻匈奴，臣私下里认为是有害的。"汉高祖不听，于是向北发兵到了代谷，果然出现了平城被围的情况。高祖十分懊悔，就派遣刘敬去匈奴订立汉匈和亲的盟约，然后天下解除了战争的困扰。所以兵法上说："调动十万兵马，一日就要耗费千金。"秦朝当时经常在边境积聚人马数十万人，虽然有覆灭匈奴军队、斩杀匈奴将领、俘虏匈奴单于的功劳，但这也足以能够结下深仇大恨，偿还不了天下的耗损。国家财政困难，百姓疲惫困苦，而把眼睛盯着外国，并不是什么完美的事。再说那匈奴难以控制也不止一代了。以在边境上骚扰，驱赶人畜作为职业，匈奴的本性就是这样。上到虞夏、商、周时代，一直没能用法度责罚他们，只把他们当作禽兽看待，而不视为人类。我们如今上不借鉴三代的经验，而下蹈秦朝的覆辙，这既是天下百姓深感痛苦的事，也是臣深感忧虑的事。再说出兵在外的时间长了，就会发生变乱；所做之事太艰苦，人们就会变心转意。其结果会是边境的百姓穷困潦倒而产生离散之心，将军官吏相互猜疑而与敌人暗中勾结，所以尉佗、章邯得以实现他们的野心。秦朝的政令不能实行，就是因为权力为尉佗、章邯所分。这就是事情得失的明证。所以《周书》[1]说："天下安危在于朝廷发布什么样的号令，国家存亡在于君主任用什么样的人物。"希望陛下详细考察，稍加留意而仔细考虑考虑。

当时，赵地人徐乐、齐地人严安也都给汉武帝上书，谈论当时的政务，各讲了一件事。徐乐上书说：

臣听说国家的忧患在于土崩，不在于瓦解，古今都是这个理。什么叫作土崩？秦朝末年的情况就是这样。陈胜没有诸侯的尊位，没有尺寸的土地，不是王公大人名门望族之后，既没有乡里对他的赞誉，也不具备孔子、墨子、曾子的贤能和陶朱、猗顿的富有，但他在穷巷里一出，舞动矛戟，袒臂大呼，天下便闻风响应。这是什么缘故呢？这是由于百姓贫穷不堪而君王不体恤，人民怨声载道而君主还不知道，民俗已乱而仍不修明政治，这三条是陈胜所以能一呼百应的政治资本，这就是叫作土崩。所以说国家的忧患在于土崩。什么叫作瓦解？吴、楚、齐、赵等国的叛乱就是这样。吴、楚等七国谋为大逆[2]，都号称帝王，率领军队几十万，其淫威足以使境内人民慑服，其财富足以奖励士卒官吏，但他们最终不能向西进攻夺取汉朝的一寸土地，而自身落在朝廷手里，这又是什么原因呢？不是

---

① 《周书》：《逸周书》的简称。先秦古籍，连序共七十一篇。周代史书，其中多数为战国时人拟周代诰誓辞命之作。

② 大逆：在封建社会中，凡是反抗封建秩序，特别是直接危害皇权的行为，都被称为大逆。是封建刑法中最严重的罪名之一。

他们的权势比陈胜小，兵力比陈胜还弱，而是因为当时先帝的恩泽尚未衰减，百姓们很多都能够安土乐俗，所以诸侯得不到封国以外的援助。这就叫作瓦解。因此说国家的忧患不在于瓦解。依此看来，天下如果具备了土崩的形势，即使是身穿粗布衣服、身居穷巷的平民百姓也敢于首先作恶，危害海内，陈胜就是一个例子，更何况还有三晋国君那样阴谋篡权的人物呢！国家虽然还没有达到天下大治的程度，但如果不具备土崩之势，那么即使有强国劲兵起来造反，也会在转身之间失败，而自身反被擒获，吴、楚、齐、赵那些诸侯王都是这个样子，更何俱群臣百姓起来造反呢！土崩与瓦解这两种情况，是关系国家安危的根本所在，凡是圣明的君主都是要留心观察的。

近来关东地区五谷不丰，年景没有恢复起来，百姓大多穷困，再加上国家在边境地区大动干戈，按常理分析，百姓将有不安定的动向了。不安定就容易动乱，容易动乱，就是土崩之势了！所以，贤明的君主能够观察万物变化的本原，明白安危的所在，治理于朝廷之上，消除祸患于萌芽状态。其要旨就是使天下没有土崩之势而已。如果能这样，虽然有强国劲兵的威胁，但陛下尽管逐走兽、射飞鸟，扩充游乐之苑，纵情恣欲，极尽游玩之乐，也可以镇定自如。金石丝竹之声不绝于耳，帷帐之中俳优侏儒之笑不乏于前，而天下也不会有积久的祸患。名声也不见得非像商汤、周武那么高，民俗也不必达到成王、康王时代那么好！尽管如此，但臣以为陛下天然圣明，有宽厚仁爱的天赋，如果真的以治理天下为首要的责任，那么赶上商汤、周武那样的名声是不难的，复兴成王、康王时代的民俗也是做得到的。抓住了土崩、瓦解这两个问题的根本，然后身处尊贵安逸，扬名广誉于当世，亲近天下贤才，降服四方蛮夷。恩德广被盛传数世，面向南方，背靠屏风，扯扯衣袖，礼遇王公大臣，这就是陛下所要做的事情。臣听说过，谋求王道即使不能成功，最差也可以使天下得到安宁。天下安宁了，那么陛下有什么要求达不到，干什么不能成功，有谁不能征服呢？

严安给汉武帝的上书说：

臣听说周朝统治天下，其大治之世有三百余年。成王、康王两朝是累盛时期，出现了刑罚弃而不用四十年的太平景象。等到周朝走向衰落，其间也经历了三百多年，所以春秋五霸相继兴盛起来。五位霸主经常辅佐天子兴利除害，诛伐暴虐，禁止奸佞，在天下匡扶正道，以维护天子的尊严。五位霸主去世之后，再没有圣明贤德之人，于是天子处于孤立无援的状态，发号施令也没人听；诸侯肆意妄为，恃强凌弱，以多欺少，田常篡夺齐国政权，六卿瓜分晋国，天下的国家都成了好战之国，这是人民遭受苦难的开始。从那以后，强国致力于攻伐，弱国致力于守备，出现了合纵连横[①]的策略，兵车战马往来不绝，

① 合纵连横：战国时弱国联合进攻强国，称为合纵。随从强国去进攻其他弱国，称为连横。战国后期，秦国强大，合纵就是指齐、楚、燕、韩、赵、魏等国联合抗秦；连横就是指这些国家的某一国或某几国跟随秦国去进攻其他国家。

战士甲衣生满虮虱，百姓们有苦无处可诉。

待到秦王嬴政继任秦国君主，蚕食天下，并吞六国，统一天下，称号为始皇帝，统掌天下政权，拆毁诸侯的城郭，销毁他们的兵器，铸造为钟虡（jù）[1]，以示不再兴战事。广大黎民百姓免于战乱之苦，遇上了圣明的天子，人人都以为从此重新获得生命。假使秦朝能够缓其刑罚，减轻赋税徭役，看重仁义，轻视权势和利益，崇尚忠厚，鄙视智巧，移风易俗，使天下的百姓得到教化，那么秦朝的江山必定世世代代安稳下去。秦朝非但不倡导这样的社会风气，反而沿袭旧俗，智巧权力者得以飞升，笃厚忠信者遭到排斥，法律严厉，政治残酷，皇帝天天听到很多谄媚阿谀者的甘言美语，志得意满，想入非非。他想在海外逞其威风，于是派遣蒙恬带兵向北讨伐匈奴，扩大疆域，拓展边境，在北河驻守，让百姓们急速地运粮运草，跟随其后。又派屠睢率领水兵向南攻击百越，还派监禄必开渠运粮，深入越地，越人逃走。旷日持久，大军粮草接济不上，越人发动进攻，秦兵大败。秦朝于是派尉佗率兵屯戍越地。那时候，秦朝的祸患北构于匈奴，南结于越人，驻军无用之地，进而不能退。如此十几年，成年男子披甲衣，成年女子搞运输，痛苦不堪，活得百无聊赖，上吊自杀在路边树上，死者一个接一个。等到秦始皇死后，天下都背叛了秦朝。陈胜、吴广攻陈县，武臣、张耳攻赵国旧地，项梁在吴县起兵，田儋在齐地举兵，景驹取鄢郢，周市取魏地，韩广取燕地，

① 钟虡：悬架钟、磬的柱子。

满山遍野，豪杰并起，不可胜记。然而这些人都不是公侯的后代，也不是朝廷的长官要员。他们没有任何权势，从民间涌起，手持武器，应时势一齐行动，不谋而都起事，不约而同时会合，攻城略地直到称王称霸，这是当时的教化使他们成了这个样子。秦朝皇帝贵为天子，富有天下，然而最终导致国破家亡，这是穷兵黩武造成的祸害啊！所以说周朝失之于衰弱上，秦朝失之于强大上，他们都是因为不能随时势变通所引来的灾难。

现在朝廷想招抚南夷，让夜郎朝拜，降服羌、僰（bó），攻取濊（huì）州，在那里建造城邑，深入匈奴，烧掉他们的茏城，议事者都很赞美这些事。但这只是人臣能够得到利益的事，不是治理国家的长策。当前，国内安定得无狗吠之惊，而要让防备远方的敌人成为累赘，耗费精力，使国家凋敝衰败，这不是有利于人民的好办法。实现无穷无尽的欲望，寻求心灵上的欢乐而与匈奴结下怨仇，这不是安定边境的办法。结下怨恨而无法消除，战争停止了而又挑起，使近处的人感觉愁苦，远处的人感到惊骇。祸结而不解，兵休而复起，近者愁苦，远者惊骇，这也不是持久之计。现在天下百姓都要锻造铠甲，砥砺刀剑，矫正箭镞，拧紧弓弦，运输粮草，不见休止之时，这是天下所共同忧苦的事情。用兵时间长久就会发生变乱，事情做得太繁杂了就会产生疑虑。现在外地郡守之地有的将近千里，列城数十，其土地形势足以控制郡内百姓，威胁附近诸侯，这都不利于公室皇族的利益。上观齐国、晋国灭亡的原因，是公室太弱，六卿太强盛；下观秦朝灭亡的原因，在于严刑峻法，欲望无穷。现在，郡守的权力不只是六卿那样大；地广千里，不只是里巷那么点凭借；武器装备，不只是无头矛戟那么点作用。若以这些有利条件，遇上天下变乱之时，将会出现何种局面，那真是不堪设想了。

主父偃、徐乐、严安三人的上书奏呈天子，汉武帝召见了三人，对他们说："你们先前都在哪里？为什么我们相见得如此之晚？"于是任命三人为郎中。主父偃多次觐见，上书言事，汉武帝任命主父偃为谒者，继而升为中大夫。一年之中，四次升迁主父偃的官职。

主父偃向汉武帝进言说："古时候，诸侯的封地不过百里，无论强弱，都容易控制。现在诸侯有的连城数十座，土地有千里之广，他们平时容易骄奢放纵，做出淫乱的事情，在紧急情况下就会仗恃强大，联合起来反叛朝廷。如今倘若用法令分割削弱他们，就会诱发他们的反叛思想，以往晁错主张削藩酿成吴楚之乱就是教训。现在诸侯王的子弟往往有十几个，而只有嫡长子有权继承爵位，其余的虽然也是至亲骨肉，却没有尺寸封地，那么皇上的仁孝之道就不能发扬光大。希望陛下命令诸侯推恩，将封地均分于子弟，使他们都成为侯。子弟们人人喜得所愿，皇上施之以恩德，实际上分割了诸侯们的封国，不削减他们的封地就会使他们逐渐衰弱下去。"汉武帝听从了他的计策。主父偃又进言皇上说："茂陵刚刚设县，可以将天下豪强兼并之家和乱众之民都迁到那里去。内则充实京师，外则消除奸猾，这就是所谓不诛杀而祸害除。"

汉武帝又听从了他的计谋。

卫子夫被尊立为皇后，燕王刘定国犯罪事实被揭发，主父偃都是立了功的。朝中大臣们都害怕畏惧主父偃的嘴，给他的贿赂有千金之多。有人劝告主父偃说："您太横行霸道了。"主父偃说："我结发[1]游学四十余年，久不得志，父母不把我当儿子，兄弟们不收留我，朋友们抛弃我，我穷困潦倒的时间太久了。再说大丈夫活着如果不能列五鼎食，那么死的时候也要受五鼎烹刑。我已经到了日暮途远的时候，所以要倒行逆施了。"

主父偃向汉武帝大讲朔方土地肥沃，物产丰饶，对外可以凭借黄河天险，蒙恬在那里筑城以驱逐匈奴，对内则可以省去转运粮草和戍守漕运的人力物力，还能扩大中国的疆土，这是消灭匈奴的根本大计。汉武帝看了他的奏章，交给公卿议论，都说修置朔方不利。公孙弘说："秦朝时曾征发三十万人在北河筑城，毫无结果，不久便放弃了。"主父偃则大讲其利，汉武帝终于听了他的计策，建立朔方郡。

元朔二年（公元前 127 年），主父偃对汉武帝讲了齐王刘次景在王宫内行为放荡乖僻，汉武帝任命主父偃为齐国的丞相，同时追查此事。主父偃一到了齐国，遍召兄弟及宾客，散发五百金给他们，并数落他们说："我过去贫穷的时候，兄弟不给我吃穿，朋友不让我进门；如今我为齐相，诸位之中有的跑到千里以外的地方迎接我。我与诸位绝交了，从今以后，请诸位不要再进入我的大门！"于是他派人以齐王与其姊通奸的事惊动齐王，齐王料想不能逃脱罪名，害怕像燕

① 结发：古代男孩成年时结发为髻，借指年轻的时候。

王刘定国那样被判死刑，便自杀了。有关部门将这件事报告给了朝廷。

主父偃当时曾以平民身份游历燕、赵等地，受到冷遇。待到做了高官，便揭发了燕王犯罪的事情。赵王刘彭祖怕他也成为赵国的祸害，想上书揭发他的问题，但因主父偃身居朝中，不敢贸然发难。待主父偃被任为齐相，出了函谷关，赵王即派人上书，告发说主父偃接受诸侯的金钱贿赂，因此，诸侯子弟多以此得到封侯。待到齐王自杀，汉武帝听说以后大怒，以为是主父偃逼迫使其自杀的，便把主父偃召回，交给法官治罪。主父偃承认了接受诸侯金钱贿赂的事实，但不承认胁迫齐王自杀。汉武帝还不想杀掉他。当时公孙弘为御史大夫，他对汉武帝说："齐王自杀，没有后代继承王位，封国被废为郡归入朝廷。这件事情，主父偃本为首恶，陛下不杀主父偃，就无法向天下人交代。"汉武帝于是下令灭了主父偃全族。

主父偃显贵受宠时，门客以千计，朝野都赞扬他，待到他被灭族身死，士大夫争着讲他的坏处，最后竟没有一个肯收葬他，真是可悲呀！后来洨县人孔车把他收葬了。汉武帝后来听说这件事，认为孔车是个忠厚长者。【27】

太史公说：公孙弘的品行虽然好，但是他遇到了好的时机。汉朝建国八十多年了，皇上崇尚儒家的学说，招揽人才，推广儒家和墨家的学说，而公孙弘就是选出来的第一人。主父偃身居要职的时候，各位官员都夸赞他，到了身败名裂被诛杀的时候，士人又争相说他的过错，悲哀啊！

（以下疑为后人所补）

太皇太后对大司徒和大司空下诏书说："听说治国之道，第一步是要让人民富裕；而人民富裕的关键，就在于节俭。《孝经》里说：'使国家安定，百姓得到治理，没有比礼更好的东西。''就礼的本义来说，与其奢侈，不如节俭。'过去管仲在齐国为相，辅佐齐桓公称霸诸侯，有多次会合诸侯和匡正天下的功劳，但孔子却说他不懂得礼仪，因为他太奢侈，竟然和国君不相上下。夏禹所住的宫室十分简陋，穿的衣服也很朴素，后来的帝王们都不沿袭他这种节俭的作风。由此说来，天下大治的盛世，德政普施，没有高过节俭的。节俭之风化于俗民，那么尊卑的秩序就能井然，骨肉之间的恩情加深，争讼的根源就会消失。大概这就是家给人足、轻刑省罚大治局面出现的根本吧？怎能不尽力提倡呢？朝中的三公是百官的楷模，万民的表率，没有树立起垂直的标杆而产生歪曲形象的道理。孔子不是说过了吗：'您带头走正道，谁敢不走正道'，'选任贤者，教育差者，百姓就会勤勤恳恳地做事'。汉朝兴起以来，最受尊宠的宰辅大臣能躬行节俭，轻财重义，特别突出的，没有像已故丞相平津侯公孙弘那样的人。他位居丞相高位而用麻布做被子，粗食淡饭，每餐不过一个肉菜，老朋友和宾客们都分享他的俸禄，自己家里几乎没有剩余，确实是内则自我约束，外则遵从朝廷制度。他的这些情况，直到汲黯质问他，朝

【27】

廷才知道。公孙弘的低于制度然而又是可行的生活标准，只有德行高的人才能做到，否则就不行。这与那些背地里奢侈无度而表面上假装节俭以沽名钓誉的人是截然不同的。后来，公孙弘因病请求退归故里，孝武皇帝即下令说：‘奖赏有功的，表彰有德的，扬善去恶，您应当知道。请您少费思虑，安心静养，再辅之以医药。’又准许他续假，还赐给他牛、酒以及绸缎等物。过了几个月，公孙弘的病就好了，继续上朝。到元狩二年（公元前121年），终于在丞相位上去世。知臣者莫如君，这就是榜样。公孙弘的儿子公孙度继承了爵位，后来做到山阳太守，因犯罪失去侯爵。表彰德性，彰明正义，引导俗流，激励风化，这是圣王的遗制和不可改变的原则。兹令赐予公孙弘后代子孙中应当继承爵位者为关内侯，食邑三百户，并把他征至公车[①]，把他的名字报到尚书[②]那里，朕将亲自授予他爵位。”

后来班固也称赞说：公孙弘、卜式、兒宽都曾以鸿雁奋飞之翼受困于燕雀之间，混迹于猪羊之间，如果不是遇到时机，怎么能够达到这样的高位呢？当时，汉朝兴起已经六十多年，天下安定，府库充实，而四方蛮夷尚未归服，制度也不健全，皇上求贤若渴，到处选用文武人才，就好像怕得不到他们似的。开始用蒲轮[③]迎接枚

① 公车：官名、官署名。掌皇宫司马门，夜巡宫中。总领吏民上书、四方贡献及朝廷征召等事。其办公官署亦称公车。属卫尉。

② 尚书：官名。主掌收受章奏，出宣诏命。属少府。

③ 蒲轮：车轮用蒲裹的车子。取其转动时震动较小，古时常用于封禅或迎接贤士。

乘，后来见到主父偃又赞叹不已。于是群臣羡慕，能人并出。卜式由牧羊者被选为朝臣，桑弘羊由商人小子提拔上来，卫青由奴仆而青云直上，金日磾（mì dī）则起自于投降的胡虏，他们过去都是筑土墙、喂牲口一类人物啊。汉朝得到的人才，那个时期最为兴盛，学识渊博的儒雅之士有公孙弘、董仲舒、兒宽；忠厚谨行勤劳奉公者有石建、石庆；质朴无华心地正直者有汲黯、卜式；荐举贤能者有韩安国、郑当时；制定律令者有赵禹、张汤；擅长文章者有司马迁、司马相如；诙谐滑稽者有东方朔、枚皋；善于应对者有严助、朱买臣；精于天文历数者有唐都、落下闳；长于协调乐律者有李延年；善于筹划国计者有桑弘羊；出使不辱使命者有张骞、苏武；率军作战的将帅有卫青、霍去病；辅佐新主的遗诏老臣有霍光、金日磾。其余各种人才记不胜记。由于这个原因，当时创造的功业以及典章制度、文化成果，后世望尘莫及。孝宣皇帝承继大统，继修汉家大业，也宜讲论述六艺，招选济世之才，而萧望之、梁丘贺、夏侯胜、韦玄成、严彭祖、尹更始以精于儒家学术而被朝廷选用；刘向、王褒以长于文章名重于世；著名将相有张安世、赵充国、魏相、邴吉、于定国、杜延年；治理民众的有黄霸、王成、龚遂、郑弘、邵信臣、韩延寿、尹翁归、赵广汉等人。他们都有功绩为后世所称颂，同武帝时期那些名臣相比较，也可以说是后起之秀了。

## 知识拓展

**变风易俗**

释义：指改变旧的风气和习俗。

出处：《史记·平津侯主父列传》：“变风易俗，化于海内，则世世必安矣。”

**不约而同**

释义：事先没有约定，彼此的言论或行动却完全一致。

出处：《史记·平津侯主父列传》：“应时而皆动，不谋而俱起，不约而同会。”

# 史记卷一百一十三

# 南越列传

扫描二维码
阅读本篇原文

赵佗　陆贾　婴齐　赵兴　吕嘉　杨仆

南越王尉佗，是真定人，姓赵。秦朝统一天下后，平定了扬越[1]，设置桂林郡、南海郡和象郡，征发那些被罚作迁徙的人守卫在那里，与赵人杂居了十三年。赵佗在秦朝的时候被任命为南海郡的龙川县县令。到秦二世时，南海郡的郡尉任嚣病重得快要死去，把赵佗召来对他说："听说陈胜等人已经犯上作乱，秦朝荒暴无道，天下百姓苦不堪言，项羽、刘邦、陈胜、吴广等人都各在州郡兴兵聚众，像虎狼一样凶猛地争夺天下，中原混乱不堪，不知如何才能安定下来，豪杰们都背叛了秦朝自立为王。南海郡偏僻遥远，我怕那些盗贼的军队侵犯到这里，想派兵切断道路，御敌自卫，以等待观察诸侯的变化，不巧病重了。我们这里北靠大山，濒临南海，东西有几千里长，稍微有中原人辅助，就可以成为一州之主，可以建立国家。郡中官吏们没有谁值得我同他谋划这件大事，所以把你请来，把我的想法告诉你。"【28】任嚣当即将官府文书交给了赵佗，让他代行南海郡尉的职务。任嚣死后，赵佗就派人传递檄文，告诉横浦、阳山关、湟谿关各处的守将官吏说："盗贼的军队就要打过来了，请赶快断绝道路，聚兵自守！"于是渐渐以各种罪名杀掉秦朝安置的官吏，任命自己的亲信为郡县各级官员。秦朝灭亡后，赵佗

---

① 扬越：因古越人主要分布在九州之一的扬州地区（中国东南部），故名。

立即兴兵，兼并了桂林郡和象郡，自立为南越武王。汉高祖刘邦平定天下以后，考虑到中原人民连遭战乱之苦，因此放过了赵佗，没有讨伐他。汉十一年（即公元前 196 年），刘邦派陆贾前往南越，追认赵佗为南越王，和他互通使节，让他协调安定越人，不要成为南部边疆的祸患，南部边疆与北方的长沙接壤。

吕后当政的时候，有关部门奏请禁止南越在边关市场上购买铁器，以防患于未然，赵佗说："高皇帝封我为南越王，与汉朝互通使节和货物，现在太后听信奸臣的谗言，视蛮夷为异类，断绝南越的物资供应，这一定是长沙王的计策，他想倚靠中原，消灭南越一并统治，自谋功利。"于是赵佗自称南越武帝，发兵攻打长沙国的边境，劫掠了几个县才退兵

而还。吕太后派隆虑侯周灶领兵前往攻打南越。正好赶上酷暑阴雨天气，士兵很多都染上了瘟疫，军队不能越过阳山岭。过了一年多，吕太后去世，汉朝就停止了攻打南越。赵佗趁此机会拥兵自重，扬威于汉朝边境，并用财物贿赂闽越、西瓯、骆越，奴役他们，迫使他们归属南越统辖，这样，南越的国境东西有一万多里。赵佗竟然还使用天子的车仗，自称皇帝，与汉朝的皇帝平起平坐。【29】

等到汉文帝元年（公元前 179 年），汉文帝便派使者告诉各诸侯国及四方蛮夷的君长关于自己从代国入朝即帝位后的打算，使天下都知道皇上的圣德。同时为赵佗父母在真定的坟墓设置守墓居民，按时祭祀。还把赵佗的堂兄弟找来，用尊贵的官职和丰厚的赏赐笼络他们。汉文帝命令丞相陈平举荐可以出使南越的人，陈平说好畤县人陆贾在高祖时就熟悉出使南越的事。于是汉文帝就任命陆贾为太中大夫，出使南越。陆贾到了南越，当面责备赵佗自立为帝，竟连一个报告的使者都没往汉朝派。赵佗十分惊恐，给朝廷写信谢罪，称："南方蛮夷首领赵佗敬上，以前高后隔绝、歧视南越，我怀疑是长沙王说我的坏话整我。又遥遥听说高后把我的宗族都杀光了，把我祖先的坟墓也掘了，因此我就自暴自弃，侵犯长沙国边境。再说南方是低下潮湿的地区，在蛮夷当中，东边的闽越才有千人之众就号称为王，西边的西瓯、骆越是裸体之国也自称为王。我妄自窃取皇帝尊号，聊以自慰罢了，怎敢把这件事报告皇上呢？"于是，赵佗磕头认罪，表示愿意永远做汉朝的藩臣，遵奉贡纳之职。于是下令国中说："我听说两匹公马不能同被拴在槽上，两位贤明也不能同时存在。当今的皇帝是贤明的天子。从今以后，我要废去我皇帝的仪仗。"陆贾回朝报告汉文帝，文帝非常高兴，直到汉景帝时，赵佗一直称臣，按时派人朝见汉朝的天子。但是，他依然在国内窃用皇帝称号，只是使者到汉朝天子这边来时，才称臣、拜受天子之命，如同诸侯一般。汉武帝建元四年（公元前 137 年），赵佗死去。

他的孙子赵胡继承王位。当时闽越王郢兴兵攻打南越边境城镇，赵胡派人报告皇帝说："两越都是藩臣，不得擅自发兵互相攻打。现在闽越兴兵攻打我，我不敢发兵，请天子下诏指示。"于是汉朝的天子认为正义在南越一方，他们恪守职约，就派王恢、韩安国两位将军领兵讨伐闽越。汉朝的大军还没越过阳山岭，闽越王的弟弟就杀死了闽越王，而后

投降了汉朝，于是王恢、韩安国两位将军停止了讨伐。

汉武帝派遣庄助前往南越向赵胡说明朝廷的意图，赵胡磕头谢恩说："天子能发兵为臣下讨伐闽越，我就是死了也无法报答天子的恩德。"于是派太子婴齐入朝为天子做警卫，并对庄助说："我国最近刚受到贼寇的劫掠，请使者先走，我正在日夜准备行装，不久就去朝见天子。"【30】庄助离开南越以后，赵胡的大臣劝告他说："汉朝派兵讨伐闽越，同时也以此威吓南越。况且先王说过，侍奉天子只求不得失礼，您不可因喜欢汉朝使者的好话就入朝朝见天子。您如果入朝，就回不来了，这是亡国的情势啊。"于是赵胡推说自己有病，始终未入朝拜见汉朝天子。过了十多年，赵胡确实病得很厉害，太子婴齐请求归国。赵胡去世以后，加谥号为文王。

婴齐继立为南越王以后，就把他的祖先赵佗的玉玺收藏起来。婴齐居住在长安给皇帝做警卫的时候，娶了邯郸姓樛（jiū）的女子为妾，生了个儿子叫赵兴。他即位以后，便上书朝廷，请求册立樛氏为王后，赵兴为太子。汉朝多次派使者暗示婴齐，让他入朝拜见天子，但婴齐乐于独揽生杀予夺大权，为所欲为，怕入朝拜见被强迫使用汉朝法度，按照内地诸侯的待遇对待他，因此一直推说有病，坚持不入朝拜见天子。只是派了个叫次公的儿子入朝做警卫。婴齐去世，谥号为明王。

他的儿子赵兴继立为南越王，樛氏为王太后。樛氏在还没有嫁给婴齐时候，就曾经与霸陵人安国少季私通。婴齐死后，元鼎四年（公元前 113 年），汉朝派安国少季为使者前往南越，劝说赵兴及太后樛氏入朝拜见天子，比照内地诸侯待遇；让辩士、谏大夫终军等人同往陈述其词，勇士魏臣等补其不足，卫尉路博德率领军队驻扎在桂阳等待使者。南越王赵兴年少，樛太后趁安国少季来使的机会，又和他私通上了。南越国很多人都知道这件事，都不依附太后。樛太后原本是中原人，又怕她与汉使私通的事败露闹出乱子，因此想倚仗汉朝的威力，多次劝说赵兴和朝中大臣请求归属汉朝。于是她便托使者上书，要求比照内地诸侯，三年入朝拜见天子一次，并撤除边境关防。汉朝天子同意了他们的请求，赐给南越国丞相吕嘉银印，以及内史、中尉、太傅印，其余官职由南越自行设置，汉朝不另颁印绶；还废除了南越原有的黥刑、劓刑，使用汉朝法律，制度和与朝廷的隶属关系比照内地诸侯。汉朝的使者都留下镇抚南越。南越王和太后整治行装和贵重东西，为进京朝拜汉天子做准备。

南越丞相吕嘉年纪已经很大了，曾经在三代国王手下做丞相，其宗族中做大官的就有七十多人，他的儿孙都娶王室女子为妻，女子尽嫁王子和贵族，又与苍梧秦王赵光联姻。吕嘉在南越国权力很大，越人很信赖他，多为其耳目，得人心胜过南越王。南越王上书汉朝，吕嘉多次劝阻，王都不听。他有反叛汉朝的心思，屡屡推说有病不见汉朝使者。汉朝使者都注意吕嘉的动向，但时机不成熟又不便把他杀掉。南越王和太后也害怕吕嘉先动手，于是在宫中设酒宴，想借汉朝使者的权威，谋杀吕嘉等人。在酒宴上，汉朝使者都面向东，太后面向南，南越王面向北，吕嘉和其他大臣面向西，奉陪坐饮。吕嘉的弟弟为将军，带兵守候在宫外，斟过了酒，太后对吕嘉说："南越归附朝廷，是有利于国家，而丞相嫌其不利，是为什么呢？"她想用这话激怒使者。汉朝使者狐疑，面面相觑，没敢发作。吕嘉发现座中侍者不同往常，当即起身出去。太后大怒，想用矛刺杀吕嘉，被南越王制止了。吕嘉出宫后，让其弟弟的手下的兵护送回去了。从此推说有病不见南越王和汉朝使者，暗中却与大臣们勾结，阴谋作乱。吕嘉知道南越王始终不想杀他，因此好几个月没有发难。太后有淫乱之行，国人都不依附她，想独自诛杀吕嘉，身单力弱又难以办到。

汉朝天子听说吕嘉不服从南越王，王和王太后孤弱不能制服他，使者怯懦不能决断。又认为王和王太后已经依附汉朝，唯独吕嘉作乱，不足以兴师动众，想让庄参率领两千人出使南越。庄参说："如果为了友好而去，那么几个人就够了，如果为了攻打而去，两千人也不够用。"他推辞说自己无法胜任，天子便罢了他的官。郏县壮士、原济北国相国韩千秋自告奋勇地说道："区区一个南越，又有王和王太后做内应，只有丞相吕嘉捣乱，我愿带二百壮士前去，定斩吕嘉回报。"于是，汉武帝便派韩千秋和南越王太后的弟弟樛乐率领两千人马前往南越。刚入南越境界，吕嘉等人终于造反，下令国中说："国王年幼，太后是中原人，又跟使者淫乱，一心想臣服汉朝，把先王留下来的珍宝重器都献给了汉朝天子；随从人员很多，她是想到长安后把他们卖作奴仆，她只想自己一时逃脱之利，全然不为子孙后代江山社稷着想。"吕嘉和他的弟弟一起攻杀南越王、王太后以及汉朝使者，派人告诉苍梧秦王赵光及其诸郡县，立婴齐长子与南越妻子所生的赵建德为南越王。韩千秋率领部队攻入南越境内，攻破了几座小城池。后来南越干脆让开道路，供给饮食，待他们离番禺不到四十里，突然发兵攻打韩千秋，把他们消灭了。吕嘉派人用匣子封好汉朝使者的符节，置于边境之上，假意说了一番表示谢罪的话，暗地发兵防守要害之处。于是汉武帝说："韩千秋虽无成功，但也够得上是军锋中的冠军了。"封他的儿子韩延年为成安侯。樛乐的姐姐为南越王太后，首先愿意归属汉朝，因此封樛乐的儿子为龙亢侯。接着颁布大赦诏书说："周天子衰微，诸侯互相攻伐，《春秋》记录下来，用以讥讽臣子不为君讨伐乱贼。现在吕嘉、赵建德等反叛汉朝，心安理得地自立自封。命令犯罪之人及江淮以南楼船水师十万人前往讨伐他们。"

元鼎五年（公元前 112 年）秋天，任命卫尉路博德为伏波将军[①]出兵桂阳，下汇水；主爵都尉杨仆为楼船将军[②]，出豫章，下横浦；原归顺汉朝的两个越人为戈船将军、下厉将军，出零陵，一个下离水，一个去苍梧；派驰义侯利用巴郡、蜀郡被赦罪人，调发夜郎兵，下牂（zāng）柯江。几路兵马都到番禺会师。

元鼎六年（公元前 111 年）冬天，楼船将军杨仆率领精锐部卒首先攻陷寻陕，击破石门，缴获南越船只粮食，于是向前推进，挫败南越的先头部队，以数万之众等候与伏波将军路博德会师。伏波将军统率犯罪被赦之人，征途遥远，误了军期，与楼船将军会师者才一千多人。于是两部一起前进，楼船将军在前头攻打番禺。吕嘉、赵建德都据城防守，楼船将军选择有利地形，将军队驻扎在番禺城东南面；伏波将军驻扎在西北面。天黑下来，楼船将军攻败南越人，放火烧城。南越人素闻伏波将军威名，天色又黑，不知伏波将军到底有多少人。伏波将军便安营扎寨，派遣使者进城招降，赐给投降者官印，又把他们放回，让他们招降南越其他将吏。楼船将军奋力攻打，放火烧敌，反而将敌军驱入伏波将军营中。到天明，城中南越人都向伏波将军投降了。吕嘉、赵建德已在夜里与属下的数百人逃到海上，乘船西去。【31】伏波将军又因此询问投降者中的显贵人物，知道了吕嘉逃走的方向，派人去追。原为校尉现为军司马的苏弘抓到了赵建德，被封为海常侯；南越的郎官都稽抓到了吕嘉，被封为临蔡侯。

① 伏波将军：水师将军名号，不常置。

② 楼船将军：水师将军号。楼船：水师、水军。

苍梧王赵光与南越王同姓，听说汉朝军队来了，就与一个名叫定的揭阳县令一起安定境内吏民，归属汉朝。南越桂林监居翁说服西瓯和骆越归顺了汉朝，他们都被封为侯。戈船将军、下厉将军的军队及驰义侯所征发的夜郎士兵还没南下，南越已经被平定了。汉朝于是在南越的地盘设立了九个郡，即南海、苍梧、郁林、合浦、交趾、九真、日南、珠崖、儋耳郡。伏波将军路博德增加了封邑。楼船将军以其军能攻坚破敌，被封为将梁侯。

南越自赵佗称王以后，共历五世九十三年而亡。

太史公说：赵佗能够称王，是由于任嚣的提拔。当时汉朝初定，赵佗得以被列为诸侯。隆虑侯讨伐南越，因为潮湿的气候和疾病，不得不退兵，赵佗因此更加骄纵。闽越来攻打的时候，南越发生动荡。汉兵讨伐闽越，婴齐入朝做皇帝警卫。后来亡国是因为婴齐的王后樛氏；吕嘉只忠于南越，令赵佗断了后。楼船将军仗着兵强马壮，骄傲怠慢；伏波将军在不利的状态下，深谋远虑，因祸得福。成败之间的转化，就如同绳子一样，是永远纠缠在一起的。

## 知识拓展

**聊以自娱**

释义：聊：姑且。姑且用以自我娱乐宽慰。

出处：《史记·南越列传》：“老臣妄窃帝号，聊以自娱，岂敢以闻天王哉！”

# 史记卷一百一十四

# 东越列传

扫描二维码
阅读本篇原文

骆天诸　骆摇　庄助　骆郢　骆馀善　骆丑　杨仆

闽越王无诸和越东海王摇，祖先是越王勾践的后代，他们都姓骆。秦并吞六国，统一天下后，把他们都废为君长[①]。在他们那里设闽中郡。等到诸侯背叛秦朝，无诸和摇率领越人投奔了鄱阳令吴芮，也就是被称为“鄱君”的那个人，跟随诸侯消灭秦朝。那时候，项羽掌握着号令诸侯的大权，不封无诸和摇为王，所以他们不依附项羽。汉王刘邦攻打项羽，无诸和摇率领越人帮助刘邦。刘邦五年（公元前 202 年），重新立无诸为闽越王，统治原秦朝闽中郡故地，建都于东冶。汉惠帝三年（公元前 192 年），朝廷列举汉高祖刘邦打天下时越人的援助之功，认为摇功劳最多，他率领的人民也安宁归附，就立摇为东海王。建都于东瓯，民间称东海王为“东瓯王”。

此后过了几代，到汉景帝三年（公元前 154 年），吴王刘濞造反，想让闽越跟他一起背叛朝廷，闽越不肯，唯独东瓯跟着刘濞跑。等到吴国被攻破，东瓯接受了朝廷的贿赂，在丹徒将刘濞杀死。由于这个缘故，闽越和东瓯都得到赦免，君民各归其国。

吴王刘濞的儿子刘子驹逃到闽越，怨恨东瓯王杀了他的父亲，经常劝说闽越攻打东瓯。到了建元三年（公元前138年），

① 君长：古时指少数民族地区的统治者、首领。

闽越发兵围住了东瓯城。东瓯城内粮草已尽，东瓯王没办法，将要向闽越投降，这时才派人向汉武帝告急。【32】汉武帝问太尉田蚡，田蚡说：“越人互相攻打是经常的事，而且对朝廷也是时而归顺，时而反叛，反复无常，不值得烦劳我们前去救助。从秦朝的时候他们就被抛弃，不隶属于朝廷。”这时中大夫庄助反驳田蚡说：“怕是秦朝当时力弱不能援救他们，恩德浅薄不能覆盖他们；如果能够援救覆盖，何苦又把他们丢弃呢？再说秦朝连都城咸阳都保不住了，哪里还顾得上越人呢！现在小国家走投无路来找天子告急，如果天子再不管他们，他们又去找谁呢？天子又怎能养育、保护天下万国呢？”汉武帝说：“太尉不足以和我一起商讨国家大事。现在我刚即帝位，也不打算出虎符从郡国调集军队。”于是派遣庄助手持符节从会稽郡发兵。会稽太守想要抗拒朝廷的命令，不给庄助发兵，庄助就杀掉一位军司马，宣示了朝廷的意图，终于发兵渡海援救东瓯。汉军还没有到达，闽越就退走了。东瓯请求将其族人全部迁往中原，得到朝廷的允许，于是尽迁其众，居住在江淮之间。

到了建元六年（公元前 135 年），闽越又攻打南越。南越遵守汉朝天子的约束，不敢擅自发兵，而将这件事向朝廷作了报告。朝廷派遣大行令王恢率兵出豫章郡，大农令韩安国率兵出会稽郡，两人都被任命为将军。他们的军队还没过阳山岭，闽越王驺郢已经派兵占据险要之处以抵御汉军。驺郢的弟弟馀善与大臣及宗族商量说："因为我们的王擅自发兵攻打南越，不向天子请示，因此，天子派兵来讨伐。现在汉兵人多势强，即使我们能一时侥幸取胜，但后面会派更多的军队来，最终还得以灭国结束。现在我们把王杀掉向天子请罪，天子如果听从了，把兵撤回去，我们的国家就保住了；天子如果不听，我们就拼死而战；如果不能取胜，我们就逃到海上去。"【33】众人都说："好。"当即将驺郢用矛刺死，派人带着他的头颅到大行令王恢那里。王恢说："我们到这里来的目的就是讨伐闽越王，现在他们把闽越王的头送来了，表示谢罪，真是不战而胜，还有比这更好的吗？"于是，他便停止军事行动并通知大农令韩安国。同时派使者带着闽越王的头颅飞报汉武帝。汉武帝命令两位将军停止攻伐，并说："闽越王郢等人首先作恶，唯独无诸的孙子驺丑未参与他们的阴谋。"于是派遣郎中将前去册立驺丑为越繇王。继承闽越祖先的祭祀之礼。

徐善杀了驺郢之后，在闽越国内大逞威风，国中许多人都跟着他跑，暗中自立为王，越繇王丑不能管束他与其部众的行为。汉武帝听说这种情况，认为不值得再次兴兵征讨，说：“徐善原先屡屡与郢一起阴谋叛乱，但他后来带头杀郢立功，我们的军队才得以不受劳苦。”于是册立徐善为东越王，与越繇王丑并处。

到了元鼎五年（公元前112年），南越反汉，徐善上书朝廷，请求以八千士兵跟随楼船将军杨仆攻打南越相国吕嘉等人。东越的军队走到揭阳，便以海上风浪大为借口，不再前行，采取观望态度，暗中派人到南越勾搭。等到汉军攻破番禺，东越军队还不到。这时楼船将军杨仆上书朝廷，表示愿意率军攻打东越。皇上认为士卒太劳苦疲倦，没有答应杨仆的请求，并要他立即罢兵，同时命令各军营屯驻在豫章梅岭待命。

元鼎六年（公元前 111 年）秋天，馀善听说楼船将军奏请朝廷征讨他，汉军已临近国境，将要打过来，便造反了，发兵据守汉军将要通过的道路。馀善给将军驺力等加封“吞汉将军”，派他们攻入白沙、武林、梅岭，杀死汉朝驻守在那里的三个校尉。这时，汉朝派遣大农令张成和原山州侯刘齿率兵屯扎在那里，他们都不敢迎敌，退到安全地带，被朝廷定为怯懦畏敌罪杀掉了。

馀善刻了有“武帝”字样的玉玺，自称皇帝，欺骗百姓，散布谣言。汉武帝派遣横海将军韩说率兵出句章，渡海从东方攻往东越；派楼船将军杨仆出武林；中尉王温舒出梅岭；归降汉朝后受封为侯的两个越人郑严和田甲，分别为戈船将军、下濑将军，出若邪、白沙。元封元年（公元前 110 年）冬天，几路兵马都攻入了东越。东越原来就发兵据险抵抗汉军，派徇北将军守武林，打败了楼船将军的好几个校尉，斩杀官吏。楼船将军的部卒钱塘辕终古斩了徇北将军，受封为御儿侯。

原东越衍侯吴阳在汉朝，汉朝这时就派他回东越说服馀善，馀善不听。等到黄海将军率军先到东越，吴阳便率领其封邑内七百人反戈，在汉阳攻打东越的军队。【34】建成侯敖原是东越一个大臣，他率领部卒跟随繇王居股，他们在一起商议说：“馀善首先作恶，挟持我们。现在汉军人多势强，我们不如设法杀死馀善，自动投降汉朝诸位将军，或许能侥幸免于一死。”于是他们一起杀了馀善，带着部众向横海将军投降。所以汉朝封繇王居股为东城侯，食邑一万户；封原

【34】

建成侯敖为开陵侯；封原东越衍侯吴阳为北石侯；封横海将军韩说为案道侯；封横海校尉刘福为缭荽侯。刘福是成阳共王刘喜的儿子，原先为海常侯，因犯法失去封爵。他过去从军没有什么功劳，因为是皇室成员，所以被封为侯。其余诸位将军都无战功，没有受封为侯的。东越将领多军，汉军到来时，丢弃自己的部队投降了汉军，被封为无锡侯。

于是汉武帝说："东越之地狭窄而多险阻，闽越地区的人民强悍，反复无常。"就下令军吏将那里的百姓迁到江淮之间。东越之地从此就空无人烟了。

太史公说：越国虽然是蛮夷，他们的祖先也曾经对百姓有过功德，否则怎么会传这么久呢？历数数代帝王，到勾践的时候竟然一度成为诸侯。然而馀善竟然如此大逆不道，导致国家灭亡，百姓迁移，他的祖先的后代繇王居股等人还被封为万户侯，由此可知越人世代都是公侯。这大概就是大禹功业的余荫吧！

# 史记卷一百一十五

## 朝鲜列传

扫描二维码
阅读本篇原文

卫满　荀彘　公孙遂　路人

朝鲜王卫满，原来是燕国人。当初燕国全盛的时候，就曾经攻夺真番、朝鲜，使之隶属于燕，并在那里设置官吏，修筑城堡于边界险要之处。秦国灭燕之后，朝鲜在辽东郡界外。汉朝建立以后，因为其地偏远难守，就重新修整辽东郡原有的边塞城堡，东至浿水为界，浿水以西属诸侯王国中的燕国。燕王卢绾反叛汉朝，逃入匈奴；卫满也逃亡，他聚集亲族党羽一千多人，梳着椎髻[1]，穿着蛮夷的衣服，东奔出塞，渡过浿水，住在原先秦朝空旷之地的城堡中，渐渐役使真番、朝鲜部族以及原来燕国、齐国逃亡的百姓，并称起王来，建都在王险城。

汉惠帝、吕后当政时期，天下刚刚平定，辽东郡的太守就和卫满约定，让卫满做汉朝的外臣，保护塞外蛮夷各部族，防止他们劫掠边塞，各蛮夷的君长如果想入朝拜见天子，卫满不得禁止。辽东太守将以上情况报告了朝廷，朝廷表示同意。因此，卫满有机会得到了兵威和财物，借机侵占临近小国，招降其民，真番、临屯都自动来归属于他，卫满的势力进一步加强，他统治的区域方圆几千里。

王位传到卫满的孙子右渠的时候，朝鲜引诱的汉人越

---

① 椎髻：亦称“椎结”。如锥形的发髻。

来越多，朝鲜王又一直没有入朝拜见汉天子，同时，真番附近许多小国的君长想上书朝廷，要求拜见天子，又受到阻挠。【35】所以在元封二年（公元前 109 年），汉武帝派遣涉何前往朝鲜，责备和晓喻右渠，右渠十分固执，始终不肯接受天子的命令。涉何离开朝鲜回朝，走到边界浿水旁，叫车夫杀了护送自己的一个朝鲜小王，随即渡过浿水，驰入塞内，回朝向武帝报告说他“杀了朝鲜的一位将军”。汉武帝因为涉何有杀敌将之美名，也就不去追究查问，任命涉何为辽东郡东部都尉。朝鲜非常怨恨涉何，便发动突然袭击，杀死了涉何。

汉武帝下令征集犯罪在押者，赦免了他们的罪过，让他们从军攻打朝鲜。元封二年的秋天，派遣楼船将军杨仆从齐地出发，渡海作战，有兵力五万人，左将军①荀彘出辽东郡讨伐右渠。右渠得到消息，发兵据守险要之地进行抵抗。左将军部下有个名叫多的卒正②率领辽东军正进攻敌军，战败，多往回逃跑，被左将军按军法斩首。楼船将军杨仆率领齐兵七千人首先到达王险城下。右渠探得楼船将军兵少，就出城攻打，楼船将军的部队被打败，四散奔逃。杨仆丢掉了部队，在山中逃匿了十多天，渐渐寻找、收拢部队，重新聚集成军。左将军荀彘攻打驻防在涓水西岸的朝鲜军队，但未能从前方打败敌军。

汉武帝因为杨、荀二将没能取得胜利，就派遣卫山前往朝鲜借着兵威说服右渠。右渠见到汉朝使者磕头谢罪说："我想投降，就怕二位将军骗杀我，现在见到了朝廷使节，我请求投降归附。"于是派遣太子入朝谢罪，进献马匹五千匹，并向在朝鲜的汉军送军粮。护送太子入朝的朝鲜人有一万多，正要渡过浿水，卫山和荀彘怀疑朝鲜人要发动变乱，认为太子既然已经降服，就不应该命令手下人带兵器。太子也怀疑使者卫山和左将军荀彘设计杀他，就不渡浿水，带人返回了。卫山回朝报告武帝，武帝认为卫山有负朝廷的使命，就把他杀了。

荀彘打败了浿水西岸的朝鲜军队，继续向前推进，抵达王险城下，围住了城的西北。楼船将军与荀彘会合，兵扎在城南。右渠坚守城池，几个月都没能攻下。

---

① 左将军：将军名号。高级武官。其地位低于大将军，骠骑将军、车骑将军和卫将军。

② 卒正：西汉军队中的中级军官，为军吏之长。

左将军平时一直在宫中侍奉皇帝，十分得宠，他所统帅的士兵大多是燕地和代地的士卒，强悍而又难以制约，又凭借打败浿水西岸朝鲜军的胜利，许多将士都骄傲轻敌。楼船将军统率齐地士卒渡海，本来就有不少人败逃死亡，他又先在王险城下与右渠交战，被困兵败受辱，士兵都恐惧畏敌，将官心中也很惭愧。他困住右渠，经常采取和而不战、战而有节制的态度。左将军荀彘急攻朝鲜王城，朝鲜的大臣就暗自派人私下约定投降楼船将军，使者往来传话，还没做最后的决定。荀彘几次想约杨仆一起会攻朝鲜，而杨仆急于打算实现与朝鲜大臣约定的事情，所以迟迟不与荀彘会师。荀彘也派人寻找机会降服朝鲜，但朝鲜不肯，心中想归附杨仆。因此，荀、杨两将失和。荀彘揣度杨仆前有失军之罪，现在与朝鲜私下往来而又不降服他们，怀疑杨仆有反叛朝廷的意思，但始终没敢发作。汉武帝得知前线的消息，说："将帅不能破敌，朝廷就派卫山说降右渠，右渠派太子入朝谢罪，卫山又不能正确决断，与左将军一起误了大事，破坏了右渠归降的约定。如今两将军围城，又不能同心协力，因此才长时间解决不了问题。"于是派济南太守公孙遂前去纠正两将的失误，并给予其便宜行事的权力。

公孙遂到了前线，荀彘说："朝鲜早就该攻下来了，现在还没攻下来，是有另外的情况。"接着就把杨仆几次不按期会师以及他对杨仆的猜测告诉了公孙遂，并说："现在不解决他的问题，恐怕会酿成大的祸害，不但楼船将军的军队保不住，而且他们还会联合朝鲜来攻打我的军队。"公孙遂也有同样的想法，于是用朝廷的符节把杨仆召来，命令左将

军部下把他抓起来，将其部队交给荀彘指挥。公孙遂把这事报告了汉武帝，汉武帝认为这样做根本不是朝廷的本意，就把公孙遂杀了。

左将军统率两军后，立即急攻朝鲜。朝鲜相国路人、韩阴，尼谿相国参，将军王唊（xié）在一起商量说："当初想向楼船将军投降，现在楼船将军被抓起来了，只有左将军统率两军，并且急攻我们，恐怕我们支持不了多久，而我们的王又不肯投降。"【36】路人、韩阴、王唊都逃奔到汉军那里投降。路人在半路上死了。元封三年（公元前108年）的夏天，尼谿相参派人杀死了朝鲜王右渠，来到汉军营前投降。王险城还没攻下来，石渠以前的大臣成巳又反叛了朝鲜，并攻打那些不跟着他一起反叛的官吏。左将军叫右渠的儿子长降、

路人的儿子路最告谕他们的百姓，让他们杀死了成巳，因而最终平定了朝鲜。【37】汉朝在那里设置了乐浪、玄菟、真番、临屯四个郡。加封原尼谿相参为澅(huà)清侯，韩阴为荻苴侯，王唊为平州侯，长降为几侯。路人死在投降的路上，也有功劳，封其子路最为温阳侯。

左将军被召至京师，因犯有与楼船将军争功嫉能、违背军事计划罪，受到弃市的惩罚。楼船将军也因犯有率兵到达洌口后不等左将军而擅自发兵，部下逃跑死亡多，造成严重损失之罪，被判处死刑，他用钱财赎罪，免去死刑，夺去官职废为平民百姓。

太史公说：右渠依靠城池的险固负隅顽抗，最后国破身亡。涉何谎报自己的功劳，是两国发兵的罪魁祸首。楼船将军兵弱，在遭受危难的时候就有祸患。后悔攻打番禺失败，反而被怀疑有反心。荀彘争功劳，因此和公孙遂一起被杀。两方军队都被困住，将军没有一个封侯的。

# 史记卷一百一十六
# 西南夷列传

扫描二维码
阅读本篇原文

庄跻　唐蒙　多同　张骞　公孙弘

西南夷[1]的长帅有几十个，顶数夜郎的势力最大；在夜郎的西面靡莫这一类的蛮夷也有几十个，数滇国的势力最大；从滇国往北蛮夷的长帅又有几十个，数邛都的势力最大。这些夷国的人，都梳着椎形的发髻，耕种田地，有小城镇居住。它们的外面，西从同师往东，北到楪榆，叫作嶲（xī）族和昆明族，这儿的人都梳辫子，随着放牧的牲畜迁徙，没有永久性的居住地，没有长帅，活动范围方圆约有几千里。【38】自嶲族往东北也有几十位蛮夷的长帅，徙国和筰（zuó）都的势力最大；自筰都往东北仍有几十位蛮夷的长帅，冉駹（máng）族的势力最大。他们的习俗有的定居，有的迁徙流动，在蜀郡的西面。从冉駹往东北还有几十位蛮夷的君长，白马族的势力最大，都是氐族的同类。这些都是巴郡、蜀郡以外西南夷的情况。

在楚威王的时候，派遣将军庄跻（qiáo）领兵顺着长江而上，夺取平定了巴郡和黔中郡以西的地区。庄跻是楚庄王的后代，他到了滇池后，见滇池有三百里方圆大小，旁边尽是平地，肥沃富饶，平地方圆有几千里。于是庄跻便以兵威平定了那里，使之归属楚国。他想把这事回去报告给楚王，正好赶上秦国夺取楚国的巴郡和黔中郡，道路阻塞不能通行，

① 西南夷：中国古代对居住在我国西南地区少数民族的泛称。

因此又返回来，靠着他的军队在滇称王，改变自己的服饰，顺从那里的习俗，做那里的长帅。秦朝时，常頞（è）开通了五尺道[1]，在这里一些国家初步设置了官吏。从那以后十几年，秦朝就灭亡了。汉朝建立后，又都舍弃了这些小国而重新以蜀地原来的边界为关塞。巴郡、蜀郡的百姓有的偷偷出关做买卖，有的从那里买回筰都的马匹，僰族的奴仆和牦牛，因此，巴、蜀两郡一带渐渐兴旺富庶起来。

汉武帝建元六年（公元前 135 年），大行令王恢被朝廷派遣攻击东越，东越人把杀死东越王驺郢的消息告诉了王恢。王恢趁着军威让番阳县令唐蒙将朝廷出师的意图告知南越。

① 五尺道：古道路名。秦统一中国后，由常頞主持，开筑了一条由四川盆地通向云贵高原的重要道路。因道宽五尺，故称五尺道。

南越人拿蜀地的枸酱给唐蒙吃，唐蒙问他们是从哪里来的，他们说：“是从西北方的牂柯江来的，牂柯江宽有一百多步，流经番禺城下。”唐蒙回到长安，问蜀地的商人，商人说：“只有蜀地才出产枸酱。许多人偷偷地拿着卖给夜郎。夜郎靠近牂柯江，江宽一百多步，可以行船。南越经常用财物诱使夜郎归附，西面直到同师，然而始终也没有能够像对待臣属那样使唤它。”唐蒙于是上书对汉武帝说：“南越王使用皇帝的仪仗，占有东西一万多里的地盘，名义上是藩臣属国，实际上是一州之主。现在如果由长沙国、豫章郡发兵前去征讨，水路多数断绝，难以通行。我私下里听说夜郎共有精兵十多万，乘船沿牂柯江而下，出其不意，这是制服南越的一条奇计。如果真的用汉朝的强威，巴、蜀两郡的富足，开通去夜郎的道路，在那里设置官吏，将十分容易。”汉武帝采纳了唐蒙的意见。于是任命唐蒙为郎中将，率领士兵一千人，运送粮食、辎重的役夫民工一万多人，从巴蜀筰关进入夜郎，会见了夜郎的长帅多同。唐蒙赏赐给多同很多东西，同时将皇上的恩德告诉了他，晓以大义，相约为他委派官吏，任命他的儿子做了县令。夜郎旁边的小国都贪图汉朝的丝绸，自以为汉朝到这里的道路艰险，终究不能长远地占有役使他们，于是暂且接受了同唐蒙的盟约。唐蒙将出使情况报告了朝廷，朝廷便把夜郎及其周边地区设为犍为郡，征调巴郡和蜀郡的士卒修治道路，从僰道县一直修到牂柯江。蜀郡人司马相如也上书说西夷的邛都、筰都地区可以设郡，于是皇帝任命司马相如为郎中将，前往西夷告知皇上的意图，就像南夷一样，委派一个郡都尉，设了十多个县，属于蜀郡管辖。

【39】

就在这个时候，巴、蜀、广汉、汉中四郡都想开通去西南夷的道路，送运军粮。几年以后，路没有开通。由于劳累、潮湿，士兵死去的很多，加上西南夷又多次发生叛乱，调兵进击，耗费大量财力而没有功效。【39】朝廷对这件事很忧虑，派公孙弘到那里去了解情况。公孙弘回来报告说，开通西南夷对国家不利。等到公孙弘官至御史大夫，朝廷正在忙于修筑朔方城，以凭借黄河天险驱逐匈奴的入侵。公孙弘又乘机多次陈说开通西南夷道路的害处，认为可以停工，以便集中精力对付匈奴。于是皇上撤销了在西夷的官吏，只在南夷夜郎设两县和一都尉，命令犍为郡自己保全自己。

到了元狩元年（公元前122年），博望侯张骞出使大夏归来，说他在大夏看到了蜀地出产的细布和邛山出产的竹杖，便让人询问是从哪里来的，回答说："是从东南方的身毒国[①]来的，离大夏大约有好几千里，从那儿的蜀地商人手中买得的。"又听人说身毒国在邛山西面大约两千里的地方。于是，张骞极力宣称大夏就在汉朝的西南方，他们那里的百姓思慕汉朝，但苦于匈奴阻隔了他们与汉朝的通道。如果能开通蜀地的道路，身毒国取道近便，于汉朝有利无害。于是皇上命令王然于、柏始昌、吕越人等，让他们从西夷的西面出发，去寻找身毒国。他们到了滇国，滇王尝羌留住了他们，并先后派出寻找去西面道路的人有十几批。过了一年多，探路的人全被昆明夷所阻拦，没有人能够到达身毒国。

滇王询问汉朝使者说："汉朝与我们滇国比哪个大？"汉朝使者到了夜郎，夜郎侯也这么问。由于道路不通，这些夷国都以为自己是一州之主，却不知道汉朝的疆域有多么广大。使者回来后，便极力声称滇是大国，可以招致它亲附汉朝，皇上对这件事便开始留心注意了。

等到南越叛乱，皇上派驰义侯通过犍为郡征发南夷的军队，且兰族的长帅担心自己的军队被征远去，旁边的国家会趁机虏走本国年老体弱的人，便同他的军队发动叛乱，把汉朝使者和犍为太守都杀掉了。于是朝廷调集本来征讨南越的八个校尉，率领巴、蜀两郡从军的罪人，进攻且兰，很快就平定了叛乱。这时候南越已被攻破，汉朝八校尉就没有再沿牂柯江而下，率领所部返回，又乘行军之便攻破了头兰族。头兰是经常阻隔汉朝通往滇国道路的国家。平定了头兰，接着平定了南夷各地作为牂柯郡。夜郎侯当初依仗南越，南越

---

① 身毒国：亦作"天毒""乾毒""天竺"。均为古代译音。

【40】

灭亡后，汉朝军队返回时惩罚反叛的国家，夜郎侯于是赶紧入京朝见皇上，皇上封他为夜郎王。

南越灭亡后，等到汉朝诛灭了且兰君和邛都君，一并杀掉了笮都侯，冉駹的长帅感到震动恐慌，请求臣属汉朝并给予委派官吏。于是，汉朝将邛都夷住地设为越嶲郡，在笮夷住地设置沈犁郡，冉駹住地设汶山郡，广汉郡西边白马夷住地设武都郡。

汉武帝命令王然于用南越灭亡和南夷被征服的事例劝说滇王入朝拜见天子。滇王当时有人众好几万人，它的东北有劳浸、靡莫，他们都是同姓，相扶相帮，不听劝告。劳浸、靡莫多次侵犯汉朝使者和官吏士卒。元封二年（公元前 109 年），汉武帝派巴、蜀两郡的军队攻灭了劳浸、靡莫，大军临近滇国。由于当初滇王本有善意，因此汉朝没有诛杀他。滇王离开西南夷，率领全国降服汉朝，请求给他们派遣汉朝官，按时入京朝见皇上。于是汉朝将那里设为益州郡，赐给滇王王印，让他依旧统治他的民众。【40】

西南夷的长帅有百余个，唯独夜郎侯、滇王承受了王印。滇是个小国，然而最受汉朝的宠爱。

太史公说：楚国的祖先难道有上天庇佑吗？在周朝的时候，他们的祖先是文王的老师，被封在楚地。到了周朝衰弱的时候，楚国的土地号称有五千里。秦朝灭掉各诸侯国，唯有楚国的后代还能为滇王。汉朝诛杀西南夷，部落大都灭掉了，唯有滇重新受到了汉天子的宠爱。然而南夷被平定的开始，是唐蒙在番禺见到了枸酱，张骞在大夏看到了邛竹杖。西夷后来被分割，分成了西和南两方，后来又被分为了七个郡。

# 史记卷一百一十七

# 司马相如列传

扫描二维码
阅读本篇原文

司马相如　邹阳　枚乘　庄忌　王吉　卓王孙　卓文君　汉武帝

司马相如[1]，是蜀郡成都人，字长卿。青少年时期喜爱读书，并学习剑术，父母给他取名叫犬子。相如学业完成以后，十分敬慕蔺相如的品德，因此，给自己改名为相如。凭借家中的资财，被朝廷授予郎官，在汉景帝手下做了武骑常侍，但这并不是他的爱好。一次，梁孝王来京城朝见皇帝，随身跟着齐国的邹阳、淮阴人枚乘、吴国的庄忌等几个游说之士。司马相如一见这几个人就喜欢上了他们，加上汉景帝并不喜欢辞赋一类的文章，相如就以病为借口，辞去官职，到梁国去游历。梁孝王叫他与儒生们住在一起，相如得以与儒生和游说之士们交往了几年，在此期间，他写下了《子虚赋》。

梁孝王死后，相如回到家里，但家中贫穷，没有什么用来做自己的职业。他平时与临邛县令王吉关系密切，王吉对他说："你长时间在外面求官不能称心如意，到我这里来吧。"于是相如到了临邛县，住在城外的馆舍里。王吉假献殷勤，天天都去拜访相如，想以此来抬高自己的身价。相如起初还见他，日子长了就推说有病，叫随从的人谢绝他。虽然如此，

① 司马相如（公元前179年—公元前117年）：西汉辞赋家。少时好读书，口吃而善著书，兼擅击剑、弹琴。有《子虚》《上林》《大人》等赋，辞藻瑰丽，气韵排宕，汉、魏、六朝文人多仿之。

王吉反而对他更加谨慎恭敬了。临邛富贵人家很多，卓王孙家里的奴仆有八百人之多，程郑家里也有几百人。两个人商议说：“县令有贵客，我们得设宴宴请他一下。”同时宴请县令。到了那一天，王吉早早来到，卓氏家的客人数以百计。到了中午，派人去请司马相如，相如推说有病不能前往，王吉不敢动筷子，就亲自前去迎接相如。相如不得已，勉强前往，他一到，立刻以其风采倾倒满座宾客。酒喝到兴头上，王吉捧着琴上前说：“我私下里听说长卿很喜欢抚琴，请你弹一两支曲子让大家快乐快乐。”相如推辞不过，弹了一两支曲子。当时卓王孙有个女儿，名叫卓文君，最近死了丈夫，在家寡居，她也很喜欢音乐。【41】因此相如假借与王吉互相敬重，而用琴声挑逗她。相如到临邛来，车马随从，雍容风雅的气度

是出了名的，等到卓王孙家饮酒、弹琴，卓文君就偷偷地在窗户缝里窥视他。文君心中十分爱慕相如，又担心自己配不上他。弹琴结束后，相如叫人重赏卓文君的侍者，以此向文君表达自己的爱慕之心。卓文君趁着夜色私奔相如，相如就和她一起驾着马车回了成都。可到了相如家里一看，空空如也，只有四面墙壁立在那里。【42】卓王孙听说后勃然大怒说："女儿不成材到了极点，我不忍心杀了她，但也不分一分钱的家产给她。"不少人规劝他，他也听不进去。卓文君在相如家中住久了，心中产生了不快，对相如说："你尽管和我一起到临邛去，在兄弟之间借钱也足以维持生计，何必在这里自讨苦吃呢！"于是相如与她一起又回到了临邛，卖掉车辆马匹，开了一家酒店做起了卖酒的生意，让卓文君坐在炉前卖酒。相如自己则身穿围裙，与伙计们一起在街面上洗涤酒器。卓王孙听说以后感到受了奇耻大辱，闭门不出。兄弟和族里的长辈们轮流劝他说：“你只有一个儿子两个女儿，所缺的并不是钱财啊。现在文君已委身于司马长卿，长卿本来已经厌倦游说生活，虽然家贫，但他的才能还是靠得住的，而且他又是县令的客人，你又何必这样苦苦地相辱呢！”卓王孙不得已，分给文君奴仆一百人，钱一百万，还有她出嫁时的衣服、被褥、财物。于是文君与相如一同回到成都，置田产房屋，成了富人。

过了很久，蜀郡有个叫杨得意的人做了皇宫的狗监[①]，侍奉皇帝。当时汉武帝读了《子虚赋》，认为写得很好，说道：“我怎么就偏偏不能和这个人生于同一时代啊！”杨得意说：“我的同乡司马相如自称这篇赋是他写的。”汉武帝很吃惊，便召见相如，询问是不是这么回事。相如说：“是我写的。然而说的是诸侯之间的事，不值得一看，请让我作天子游猎之赋，赋成之后献上。”汉武帝答应了他，让尚书发给了他笔和竹简。相如当时以“子虚”为虚言假语，称道楚国之美；“乌有先生”为哪有这事，是替齐国诘难楚国；“无是公”为没有此人，是阐明做天子的大义。空借这三个人写成文章，推想天子诸侯游玩打猎的情景。那篇文章的结尾归结到了“节俭”二字，想以此劝谏天子。进献给天子之后，天子大为高兴，他的文章写道：

楚国派子虚出使齐国，齐王发动国内的全部士兵，

① 狗监：官名。为皇帝管理猎犬的小官吏。属少府，秩位低于令丞。

准备了大量的车子和马匹，邀请使者一同外出打猎。打猎结束，子虚到乌有先生那里夸耀这件事，恰巧无是公也在。三人坐定后，乌有先生问子虚："今天打猎快乐吗？"子虚说："快乐。"乌有先生问："猎物多吗？"子虚说："少。"乌有先生又问："那么你乐从何来呢？"子虚说："我感到快乐的是，齐王想向我夸齐国有众多的车马，而我向他讲了楚国的云梦之事。"乌有先生说："能讲给我们听听吗？"

子虚说："可以。今天齐王驾驭着千辆车子，挑选了步兵和骑士一万名，到海滨去打猎。列成队的兵士布满了大泽，满山遍野都撒下了捕捉野兽的罗网。网罩住了兔子，车轮碾死了鹿，射倒了麋鹿，扯住了麟脚。打猎的人马纵横奔驰在盐滩上，宰割的野兽把车轮都染红了。捕获的猎物甚多。骄傲地竞相夸耀自己的功劳。齐王回头问我：'楚国也有广阔的平原大泽可供游玩打猎，令人这样富有乐趣吗？楚王打猎和我相比，哪个更令人快乐？'我下车对齐王说：'我是楚国一个卑微的人，有幸进宫担任警卫十多年，经常跟随楚王出游，在京城附近打猎，顺便浏览景物，有的看到了，有的没看到，一直没有全部看到，又怎么能谈得上外面的平原大泽呢！'齐王说：'既然如此，就请你把所见所闻概略地说一说吧。'

"我回答说：'是。我听说楚国有七个大泽，只见过其中的一个，其他的都没见过，可能我看到的这个是其中最小最小的一个，名字叫云梦。云梦泽纵横九百里，其中有座山。那山迂回曲折，险峻直上云天；山峰参差不齐，遮日蔽月，交错杂乱，上触青云；倾斜而下，连接江河；土有朱砂、石青、赭土、白垩、雌黄、白石英、锡、碧玉、金、银，各种颜色光彩夺目，如同阳光照耀龙鳞。石有赤玉、玫瑰石、琳、瑉（mín）、琨珸（kūn wú）、瑊玏（jiān lè）、玄厉、瑌（ruǎn）石、武夫。云梦泽的东面有长着蕙草的花圃，杜衡、秋兰、白芷、杜若、射干，穹穷、菖蒲、江离、蘼芜、诸蔗、芭蕉。南面则有平原大泽，起伏不平，有的低洼，有的平坦，以长江为边，以巫山作界。高处干燥的地方生长着苷葴（zhēn）、薪（sī）、苞草、荔草、薛草、莎（suō）草、青薠（fán），低湿处生长着藏草、莨菪、蒹葭、东蔷、雕胡、莲藕、菰芦、菴（ān）闾、轩芋，各种各样植物不可胜数。云梦西面有涌流的泉水和清澈的池塘，激荡的水波此起彼伏，水面上盛开着荷花和菱花，水下面大石和白沙隐布。水中则有神龟、蛟、鼍（tuó）、玳瑁、鳖、鼋（yuán）。云梦北面有森林大树，黄楩（pián）、楠木、豫木、樟木、桂椒、木兰、黄蘗（bò）、山梨树、朱杨树、山楂树、梨树、梬（yǐng）枣树、栗子树，橘树、柚树等各种树木散发着阵阵清香。树上则有赤猿、猕猴、鹓（yuān）雏、孔雀、鸾凤、腾远、射（yè）干。树下则有白色的老虎、黑色的豹子，还有蟃（wàn）蜒、貙（chū）、犴（àn）、犀牛、大象、穷奇、獌狿（màn yán）。

“‘于是楚王命令像专诸一样的猛士，徒手格杀这些野兽。楚王自己则驾驭着四匹毛色不纯的马，乘着用经过雕琢的美玉装饰起来的车子，挥着用鱼须做的曲柄旗，挂起用明月珠镶嵌起来的旗帜，举着干将[①]铸的雄戟，左佩乌嗥之弓[②]，右佩后羿的箭囊，阳子陪乘，纤阿[③]驾车，车马徐徐前进，还没有尽情奔驰，就已经践踏了狡猾的野兽，车轮辗了邛邛、距虚，轴头撞了野马、騊駼；乘着千里马射击游荡着的骐，其动作迅速敏捷，快似流星闪电，猛似惊雷狂风，箭无虚发，射中的目标必定都被击裂眼眶、穿透胸膛到达腋部、断裂了连着心脏的血管。猎获的野兽如同下雨一样，多得盖住了草地，遮住了原野。于是楚王才勒住辔头，自由自在地遨游，流连忘返，尽情地游览浩瀚的森林，欣赏壮士们的威武与野兽的恐惧，拦截收拾那些筋疲力尽的野兽，尽情地观赏众生变化多端的神态。

"'于是娇柔美貌的郑国姬妾们披着用细细的丝布做的衣裳，拖着用麻和白丝织成的裙子，五颜六色、轻薄如雾的丝布披在她们的身后，脚步轻盈，徐徐而行，带动服饰上的褶纹如同流动的溪水；她们长而美的衣服，看上去如同刻画的一样合体，上衣还随风飘扬着长长的带子和像燕尾一样的饰物；她们扶着车子，温顺地随行，衣服沙沙作响，摩擦地上的香草，拂拭饰有羽毛的车盖，身上装饰着翡翠鸟羽毛的饰物，缠绕着用玉装饰起来的登车的绳索，飘飘忽忽，仿佛神

① 干将：春秋末著名冶匠。相传为吴王阖庐时人，工于铸剑，与欧冶子同师。吴王曾命他铸造宝剑，三年，成雌雄各一，雄曰干将，称"吴干之剑"。

② 乌嗥之弓：乌嗥，古代良弓名。

③ 纤阿：传说为月神驾车的美女。

仙下凡一样。’

“‘于是楚王和姬妾们一起，开始在种有香草的园圃中打猎，由于怕惊动飞鸟，他们伛着身子，摇摇摆摆地走在金堤上。网住了翡翠鸟，射中了鵔鸃（jùn yì），带着丝绳的短箭射中了白鹄，拴住了野鹅，鸧鸹（cāng guā）双双落地，玄鹤中箭下坠。打猎疲倦之后又开始出发，泛舟清池上，划着绘有鷁鸟的彩船，扬起桂木船桨，张挂翠色船帷，高举华盖，网捞玳瑁，钓取紫贝；敲起金鼓，吹起洞箫，渔夫唱歌，声音幽咽，惊水虫，起洪波，泉水涌出，波涛激荡，滚石相撞发出的声音，如同雷霆一般，几百里以外都能听到。

“‘将要停止打猎的时候，敲起灵鼓，点起火把，车辆依次而行，骑士们归入队伍，人马流动，相连不断。【43】于是楚王登上阳云台。恬静自如，安然无事，品尝用芍药调和好的食品，不像大王您那样终日奔驰，不下车舆，切割肉块，血染车轮，以此为乐趣。而依我看来，大王您恐怕不如楚王那样有乐趣。’于是齐王沉默不语，没有话来回答我。”

乌有先生说：“您何必说得这么过分呢！您不远千里来我们齐国访问，齐王发动全国的士兵，备齐所有的车辆，邀您一同打猎，是想合力获得猛兽，让您感到快乐，怎么能把这叫作夸耀呢！齐王问楚国有没有可供游玩打猎的平原大泽，是想听听大国的礼义教化与丰功伟业，听听您的高论。今天您不但不歌颂楚王的厚德，却以推崇云梦之事为高论，宣扬淫乐显示侈靡，我认为这是您不应当做的。假如像您说的那样，那本来并不是楚国的美事。假如楚国真有那些事，您说了，就是昭彰楚君的过失；假如楚国没有那些事，您说了，就是损害您自己的威信。昭彰国君的过失和损害自己的威信，二者之中没有一个是可行的。而且您这样做，必然是轻侮了齐国而毁坏了楚国。况且齐国的东面有大海，南有琅邪山，在成山观赏景色，在之罘（fú）山游玩打猎，在渤海上行船，在孟诸泽游历，侧面与肃慎国为邻，右面以旸谷为界，秋天在青丘[1]打猎，自由自在地漫步于海外，吞下八九个像云梦那样的大泽，在胸中丝毫不感到有什么芥

① 青丘：国名。据说在大海以东三百多里处。一说为神仙居住的地方。

蒂。至于其他那些不同寻常的地方，奇花异草，珍禽猛兽，更是多得像鱼鳞一般聚集在一起，记都记不下来，连禹都叫不出名字，契也算不出数目。然而齐王身处诸侯的位置，不敢说打猎和游玩的乐趣以及园林的宏伟；况且您是客人，因此齐王才谦让而不肯诘难，怎么能说他没有什么话答复您呢！”

无是公听了以后，笑着说：“楚国做得不对，但齐国也未必正确。天子让诸侯交纳贡物，不是为了财币礼物，而是为了让他们陈述履行职责的情况；划分疆界，不是为了防守抵抗，而是为了禁绝相互之间的邪恶行为。如今齐国列为东方的藩国，却与肃慎国私下往来，抛弃本国，越境到海外打猎，这在礼义上是不可以的。况且你们两位的议论，不致力于阐明君主的大义和纠正诸侯的礼制，而争什么游猎之乐，园囿之大，想以奢侈赌输赢，以荒淫比胜负，这样做不但不能够扬美名、显信誉，却恰恰损害君王的声望，损害自己的名誉。

“况且齐国、楚国的那些事又哪里值得一说呢？难道你们没有看见过、没有听说过天子那宏大美丽的上林苑么？东边到达苍梧，西边到达西极，丹水经过它的南方，紫渊流过它的北方；霸水、浐水始终在苑中流来流去，泾河、渭河在苑中出入；沣水、鄗水、潦水、潏水在苑中蜿蜒曲折。浩浩荡荡，八水分流，各具形态，东西南北，交错往来，从长着椒木的山间流出，行于淤洲的水边，又经过桂树林，穿过广阔无垠的原野。巨大的洪水，顺大地流下，奔赴狭窄的两山之间的出水口，碰撞着巨石，冲击着沙丘，奔腾咆哮，汹涌澎湃，相互拍击，横流逆转，迅疾轻快地滚滚流去。水势高的地方，如同与云相接，盘旋着一浪推一浪趋向低洼处，哗哗地从沙石上流过，反击山崖冲曲岸，急浪奔扬，势不可挡，冲过高地，流入低谷，水大流深，一声巨响一片沸腾。而后水波急驰，白沫飞溅，浪峰急转，放纵长流，寂寥无声地似乎归于永静。漫无边际的大水，白光闪闪，安详地向东注入大湖，溢满江边的水池。于是蛟龙、赤螭（chī），䱭䲛（gèng mèng）、螹（jiàn）离、鰅（yú）、鳙、鰬（qián）、魠（tuō）、禺禺、鱋、魶（nà），一个个扬鳍摆尾，振鳞抖翼，隐蔽在深处；鱼鳖欢声笑语，万物众多，水上的明月和珍珠闪烁在江边，蜀石、黄碝、水玉比比皆是，绚丽多彩，色泽灿烂。鸿、鹔、鹔（sù）、鸨、䴐（jiā）鹅、属玉（zhǔ yù）、䴔䴖（jiāo jīng）、䴉（xuán）目、烦鹜、䴋䴪（yōng qú）、箴疵（zhēn cí）、鱼䴔、䴔鹚，成群结队地漂浮在水上，或自由自在地随波逐流，或掩蔽在绿洲上吃着菁、藻、菱角、莲藕。

“于是崇山峻岭巍峨耸立，林深树大参差不齐。高高的九嵏（zōng）山、巀嶭（jié niè）山、终南山，岩石倾斜，高峻陡绝。涧溪幽深广大，水中的岛屿山势起伏连绵，高处倾斜不平，往下逐渐平坦。水流溪谷中间，显出广大的平原，平整千里，所到处无不被夯实。广大的平原上到处覆盖着蕙草、江离，蘼芜、流夷混杂，结缕、曲莎丛生，揭车、杜衡、兰草、槀（gǎo）本、射干、茈（zǐ）姜、蘘荷、葴、橙、若、荪、鲜枝、黄砾、蒋、苎（zhù）、青薠，布满大泽，蔓延到原野，相连不绝，广为繁衍。它们随风摇摆，香气四溢。众香激扬，散布出去的香味浓郁。

“于是环顾四周，广泛观览，睁大眼睛，仔细观察，但觉模糊不可辨认，看去无边无际，察来无穷无尽。清晨太阳从苑东的沼池升起，傍晚从苑西的陂池下山。苑南虽然是隆冬季节，但依然草木茂盛，水波翻腾；兽类有𤛾（yōng）、旄（máo）、貘、犛（máo）、沉牛、麈（zhǔ）、麋、赤首、圜题、穷奇、象、犀。上林苑北虽然在炎热的夏季，依然冰天雪地，只要提起衣服就可以涉冰过河。兽类有麒麟、角端（duān）、騊駼、橐驼、蛩蛩（qióng）、驒騱、駃騠、驴、骡。

“于是离宫别馆布满山谷，高大的屋宇四周相连，楼与楼之间的阁道曲折相接。雕着花纹的屋椽上饰着璧玉，连绵的阁道可以乘车而行，在走廊上游玩，中间需要住宿。削平高山建造殿堂楼台，在岩石下面建造内室，俯视不见地，仰攀屋椽，可以摸着天，流星经过宫门，彩虹垂到了栏杆。青龙盘曲在东面厢房，象驾的车舆在西面厢房行走，神仙们在楼台上休息，偓佺（wò quán）一类的仙人在南面的屋檐下晒太阳，甘甜的清泉汇成大川，涌出净室，流过中庭，用巨大的石块整修池塘，或堆成参差不齐的小山，或堆成陡峻的山峰，或保留下那些似经雕刻的奇特的天然石块。玫瑰、碧、琳、珊瑚丛生，瑉玉、旁唐、玢豳（bīn bān）纹理有如鱼鳞，赤瑕、文采交错夹杂在岩石中间，垂绥、琬琰、和氏璧那些美玉都出在这里。

“于是卢橘在夏季成熟，黄柑、橙、楱（còu）、枇杷、橪（rǎn）、柿、楟（tíng）、柰（nài）、厚朴、梬（yǐng）枣、杨梅、樱桃、葡萄、隐夫、郁棣、榙樑（tā tà）、荔枝分布在后宫，罗列在北园，延长到丘陵，伸展到平原。它们扬绿叶，开红花，枝摇干舞，光彩鲜艳，照耀着广大的原野。沙棠、栎（lì）木、槠（zhū）木、桦树、枫树、檗（bò）木、黄栌、留落、胥余、槟榔树、棕榈树、檀树、木兰、豫树、樟树、女贞[1]，高得长达千尺，粗得要几个人才能抱得过来，它们盘根错节，重叠相倚，垂挂的枝条自如通畅，果实累累，枝叶茂盛，随风摇曳，落花飞扬。风过后，如敲钟击磬，似吹笙弄箫，参差不齐，环绕后宫，众多杂乱，重重聚集，覆盖山岭缘饰溪谷，顺着山坡，下至川泽，看去漫无边际，探求没有尽头。

“于是黑色的雄猿、白色的雌猿、长尾猿、大母猴、飞鼠、蛭、蜩（tiáo）、蠼蝚（zhuó róu）、螹（chán）胡、豰（hù）、蛫（guǐ）在树林中栖息，或仰天长啸，或悲鸣厉啼，或上下飞动，或在枝条上互相翻动，嬉戏打闹，于是越过天桥的水涧，穿过奇异的丛林，接触悬垂的枝条，到枝条稀疏的地方，奔走迁徙，到远处安家。

“像这样的地方，有千百处，不可胜数。天子往来游乐，在离宫别馆中歇息，厨房不必随迁，妃嫔不必移动，各处都一应齐备。

“于是在整个秋天和冬季，天子便外出打猎。乘的是

① 女贞：即冬青树。冬夏常青不凋，若女子坚守贞操，故名。

象牙装饰的车，驾的是六匹用玉装饰的马，打着饰有虹霓之气的旌旗，举着画有熊虎的云旗，前面有虎皮装饰起来的皮车，后边跟着游车，公孙贺驾车，卫青陪乘，卫士们多得都不能走正道，越出了猎场的木栏之外。击严鼓，纵猎手，拿江河做围墙，把泰山做望楼。车骑过处，响声如雷，惊天动地，猎手们前后左右追逐奔腾，像云布天空，如雨降大地，分散流布，沿着山陵，流到川泽。【44】

“猎手们生擒了貔（pí）豹，击倒了豺狼，手杀了熊罴，脚踏了野羊。猎手头戴鹖（hé）鸟的尾羽做的帽子，下身穿着有白虎图案的裤子，穿上虎豹的斑纹皮做的衣服，跨上野马。上高山，下险滩，直往高峻险恶的地方，跨越沟壑渡过河水。手推蜚廉，戏弄解豸（zhì），格杀瑕蛤，刺中猛氏，绊取騕褭（yǎo niǎo），射中大野猪、箭无虚发，发必裂脖穿脑，应声而倒。于是天子的车驾暂时调节速度，缓缓徐行，自由自在地尽情遨游，看勇士们攻伐进退，观将帅们在指挥中的应变之态。然后又在转眼之间急驰远去，小鸟四散奔逃，脚踩狡猾的野兽，敏捷地捉住了白鹿和狡猾的兔子，其速度之快，可以把闪电远远地甩在后边，追逐怪兽，超出天地之外，张弓搭箭，弓弦响处，流动的枭羊和蜚虡（jù）纷纷应声倒地。

“然后扬鞭腾游，超越暴风，乘着虚无之气升入宇宙，与神仙们一起，践踏玄鹤，冲乱昆鸡群，迫近孔鸾和鵕鸃，掠过鹔鸟、凤凰、赶上鸳雏，罩住了焦明[1]。

“路途已尽，掉转车头往回返。逍遥自在地行走，降落在大地北边的极远处，然后在转瞬间南归。踏上甘泉宫外的石芳观，经过封峦观，路过雉（zhī）鹊观，望见露寒观，到棠梨宫稍歇，在宜春宫休息后，又向西驰向宣曲宫，在牛首池登船，再向北登上龙台观，在细柳观一边休息，一边观察文武百官的文韬武略，评论猎手捕获猎物的多少。那些被车轧死的、被人马踩死的、精疲力竭而死的以及吓得不敢动弹未受刀剑而死的飞禽走兽纵横交错，杂乱众多填满了坑谷，覆盖了平原、川泽。

“于是懈怠松弛，开始游乐嬉戏。在高入云端的歌台舞榭设置酒宴，在宏伟壮丽的屋宇陈设乐器，撞击千石重的钟，立起万石重的用以悬挂钟的木钜，举起翠鸟羽毛装饰的旗，架起鼍龙皮做的鼓；表演陶唐氏的舞，

① 焦明：凤属。传说中的五方神鸟之一。

听葛天氏的歌，千人唱，万人和，高山峻岭为之震动，江河大川荡起波涛；巴俞[①]的舞蹈，宋国的音乐，蔡国的歌曲，淮南的《于遮曲》，文成县、颠县的西南夷歌，顺次演唱，钟声、鼓声与歌声、乐声混合在一起，透心惊耳。荆吴、郑卫这些古国的淫靡乱世之音，《韶》《濩》《武》《象》之类高雅庄严之乐，放任无度的流湎之声，楚国都城鄢郢的《激楚》《结风》舞，还有众多的优伶、侏儒与狄鞮的歌手。前有淫靡的乐曲舞蹈，后有娇艳无比的女色，此情此景令人赏心悦目，心情十分愉快。

“像青琴、宓妃一类的女神，真是超凡脱俗，举世无双，雍容典雅，施粉黛，画蛾眉，刻画鬓发，姿态柔美，妩媚多姿，拖着颜色纯正的衣袖，穿着如同刻画过的长长的衣裳，婆娑起舞与众迥异。她们身上散发着浓烈的芳香，牙齿白得放出光彩，笑容明亮得令人倾倒，弯曲纤细的眉毛如一钩弯月，秋水般的眼睛左右流盼，身在旁边，神魂去和她们的脸色相接，内心便感到欢悦。

“于是饮酒正酣，音乐正浓的时候，天子茫然而思，若有所失，说：‘唉！这太奢侈了！我在日理万机之余，闲暇无事，顺从天道外出打猎，时常在这里休息，虚耗时日。我恐怕后代跟着我的样子，奢侈淫逸而不想回去，这不是后代继王业传授子孙的方法。’于是停止酒宴，中断打猎，命令官吏：‘苑内的土地可以开垦，作为农田供养百姓和小官吏；推倒宫殿楼台，填平沟壑，让山

① 巴俞：据载：巴西阆中有俞水，獠人居其上，皆刚勇好武，汉高帝取以平三秦。后使乐府习之，因名巴俞舞也。故巴俞，一指地区，二指舞名。

泽民众到这里来采摘果实，使渔夫们都到池沼中捕捞而不要禁止，那些离宫别馆宁可闲置起来也不要放满车辆和奴婢，打开粮仓，救济穷人，抚恤孤儿和无子的老人，帮助鳏夫和寡妇。发出德政的号令，减轻刑罚，改革弊政，变换服色，更改正朔①，与天下一道除旧布新。’【45】

“于是天子选择吉祥的日子，斋戒沐浴，穿上朝服，乘上天子的车驾，举着华丽的旗帜，响起鸾铃出行，游于六艺的园囿，奔驰在仁义之途，观览《春秋》之林，涉猎《貍首》和《驺虞》等诗篇，射中玄鹤，舞动盾斧，车上载着旌旗，网罗众《雅》，悲叹《伐檀》所述，为‘君子乐胥’而高兴，在《礼记》园中修饰仪表，在《尚书》中翱翔，讲述《易经》的哲理，不再养珍禽异兽，把它们放归自然，登上宣明政教的殿堂，在宗庙中虔诚地祭祀祖先，鼓励文武百官陈说政教得失，让普天之下，都受到德政的恩惠。到那时候，普天同乐，向风听令，随流归于教化，勃然振兴道德而弘扬仁义，刑罚废弃不用，恩德盛于三皇，功绩超过五帝。假如能够这样，打猎才能算得上是件高兴的事。

“如果整天顶风冒雨往来奔驰，劳倦精神耗费形体，疲劳车马，苦役士卒，消耗国库的资财，而没有恩泽雨露布于天下，为了追求个人的快乐，不顾黎民百姓，置国事于脑后，而贪图野鸡、兔子之类的猎物，这不是仁者的行为。由此看来，你们所说的齐国、楚国的事，

① 正朔：正为一年的开始，朔为一月的开始。正朔就是一年第一年开始的时候，即元旦日。我国古代夏、商、周的正朔各不相同。

难道不可悲么？而且两国土地方圆不超过千里，但却用九百里作为游猎的场所，生长草木的土地得不到开垦，人民得不到吃的东西。身为诸侯，而以天子的奢侈为乐，我担心他们会给百姓带来深深的苦难。”

于是子虚和乌有先生愀然改变脸色，怅惘若有所失，不知所措地离开座席说：“我们孤陋寡闻，不知深浅，今日才领教了，愿意听到您的教诲。”

《上林赋》呈上之后武帝很喜欢，就让司马相如当郎官。无是公夸说天子上林苑的广大，夸赞了山谷水泉万物。他和子虚所夸楚国云梦泽景物甚多，奢靡夸大，而且不是礼义所主张的，因此，删取其中的要点，归入正道给予评论。赋成之后献给皇上，皇上任命司马相如为郎官。

司马相如在做郎官的几年里，正好赶上唐蒙奉命开通通往夜郎及西面僰中的道路，征发巴郡、蜀郡的官吏士卒一千人，两郡中又多派出几万人分别从陆路和水道给大军转运粮草。唐蒙用军法处死了违令的长帅，巴、蜀两郡的人民大为惊恐。汉武帝知道了这件事，便派相如责备唐蒙，让相如起草檄文，告知两郡的人民，唐蒙的这些做法并不是皇上的本意。檄文说：

告巴郡、蜀郡太守：蛮夷不服从汉朝的管辖而没有受到讨伐已经很久了。他们时常侵犯汉朝边境，使官兵劳苦。当今皇上即位之后，体恤抚养天下黎民百姓，使中国和睦安稳。然后兴师出兵，北征匈奴，单于恐惧，拱手称臣，屈膝求和。康居及西域[1]各国，派遣使臣来请求朝贺天子，恭敬地进献贡品。朝廷的军队指向东方，图谋抗拒的闽越王被其弟及大臣们杀死。安抚番禺，南粤王派太子入朝。南夷的君主，西僰的长帅，经常效劳贡献赋税，不敢有丝毫的懈怠。个个伸长脖子，抬起脚后跟，向慕朝廷，争着早日归顺，臣属汉朝，因路途遥远，山川阻隔，不能达到自己的愿望。现在不顺从的已经诛灭，但为善者还没有受到奖赏，因此，派遣中郎将唐蒙前往使其服顺。征发巴、蜀两郡士卒各五百人，借以供奉礼品、警卫使者以防发生意外，并不想兴兵征伐，没有打仗的忧患。现在听说唐蒙竟然使用军法，使年轻人

① 西域：西汉以后对于玉门关以西地区的总称。

感到恐惧，老年人感到忧虑，两郡又擅自调人给他们转运输送粮草物资，这些都不是当今皇上的本意。应征的人中有的逃亡，有的自相残杀，也不是臣民应有的节操。

其他边境郡县的士卒，听说报警的烽火燃烧起来，都拿上弓箭，骑上战马，拿起武器奔赴战场，流着汗紧紧相随，唯恐落在后边，迎着刀刃，冒着飞箭，为了道义勇往直前，不往后看，在大计上意志坚定，脚跟绝不后转。人人怀着愤怒之心，简直如报私仇一样。他们难道喜欢死而厌恶生，不是编入户籍的良民，与巴、蜀两郡不是同一个君主吗？那是思虑精深，把国家的困难放在首位，乐意履行臣民的义务啊。以前，有的人拜官封爵，位至列侯，居住上等住宅，死后为后代留下尊贵的称号，给子孙传下封地。他们生前做事甚为忠敬，居官甚为安逸，死后声名远播，功业昭著永不灭绝。因此，凡是贤人君子，将肝脑涂在原野，拿血肉滋润野草也在所不惜。今天让你们给南夷送礼品，你们就自杀而死，或者因逃跑受到诛戮，身死却无好的名声，应当是最愚蠢的人。而且他们的耻辱也涉及父母，被天下人耻笑。人与人之间立身的度量和胸襟的悬殊，难道还不大么！当然这也不完全是这些人自身的罪过，还在于他们的父母兄弟平日里教育不严，没有给子弟做出表率；同时，人们不守操行不知羞耻，其风俗教化也就不淳厚了。在这种情况下，有些人受到诛戮，不也就理所当然了吗！

皇上担心使者和各级官吏像唐蒙那样不体恤圣意，爱护百姓，也哀伤不守操行的愚民做出辱及父母、累及子孙的事，因此，派遣使者把征发士卒的事明白地告知百姓，拿对朝廷不忠的罪名斥责那些逃跑和自杀的蠢人，用不先教诲的过失责备三老与孝弟[1]。当前正值农忙时节，就尽量不烦劳百姓，已经亲自面告邻近郡县的人，但担心边远地区和溪谷山泽的人很难到处都能知晓，檄文到达之日，赶快下发到各县、道，使天下都知悉皇上的心意，希望不要忽视。

相如完成使命，回朝报告皇上。唐蒙已经打通了夜郎，趁机正在开通去西南夷的道路，从巴、蜀、广汉三郡征发士卒和各种工匠几万人。筑了两年道路都没有成功，耗资巨万，士卒死亡、逃跑大半。蜀郡人民和汉朝的当权者都说这样对国家不利，当时邛（qióng）和筰（zuó）两夷的长帅听说南夷与汉朝往来得到的赏赐很多，都愿意臣服汉朝，因此请求汉朝像对待南夷那里一样，设置官吏管辖他们。皇帝问相如这事可行与否，相如回答说："邛、筰两夷与冉、駹（máng）两夷靠近蜀郡，道路容易畅通，秦朝的时候曾经在那里置郡县，到汉朝建立后废置。今天如果能开通，重新置郡县，将胜过南夷。"皇帝以为相如说得很对，就拜相如为中郎将，让他持符节出使西夷。并让王然于、壶充国、吕越人三人做他的副手，共同乘四匹马拉的驿车前往，想靠巴、蜀两郡官吏和财物拉拢西夷。到了蜀郡，太守以下的官吏都出城迎接，县令亲自接过相如的弓箭背负着在前面引路，蜀郡的人都为出了相如这样的人物感到光荣。于是卓王孙以及临邛的知名

① 孝弟：汉代乡官名。掌宣明教化，与三老职责相同。

人物纷纷到相如门下献牛酒财物以取悦相如。卓王孙连声叹息，后悔将自己的女儿许配给相如太晚了，分给女儿丰厚的财物，使女儿和儿子分得的均等。司马相如使人略定了西夷，邛、筰、冉、駹、斯榆的长帅都请求臣服汉朝。于是拆除了旧的关隘，新关更广远，西到沫水、若水，南到牂柯为边界，开通了零关道，在孙水上架桥，以通邛都。相如将这些事报告了皇帝。皇帝非常高兴。

相如当初出使西夷的时候，蜀郡的年长者多数都说开通西南夷对汉朝没有什么用处，朝中的大臣也有持这个主张的。相如想面谏皇帝，然而他已经有建议在先，不敢背弃前言，便写文章，借与蜀郡父老谈话的方式，质问对方，用含蓄的话劝说皇帝，同时也宣扬使者的意图。让百姓们明白天子的心意。他的文章说：

汉朝兴起已经七十八年了，恩德广布已有六代，威武昌盛，恩德似海，泽及万物，遍及中外。于是天子派遣使者西征，荒蛮顺流退让，皇恩覆盖之处，无不望风披靡。于是冉夷朝见，駹夷臣服，平定筰夷，抚恤邛都，略取斯榆，占领苞满，车马络绎不绝地返回，将要东报朝廷，到达成都。

地方上的老人及官吏二十七人，庄严地拜访使者。寒暄毕，他们就对使者说道："听说天子对于夷狄，只是想法牵制不使断绝关系罢了。如今却驱使巴、蜀、广汉三郡的士卒，开通去夜郎的道路，已经三年了，仍然没有开通。士卒困苦劳倦。百姓也负担不起了，现在又接着开通西夷，恐怕不能完成此业，这也是使者的累赘，我们都为你担忧。况且邛、筰、西僰与中国并列不知多少年，谁都记不清了。自古帝王，虽是仁者恩德广被也不能招抚，虽是强者也不能用威力吞并。想来是根本不可能吧！如今这样做，实际上是分割良民百姓的财物招附夷狄，使帝王所依靠的百姓穷困而去侍奉无用的夷狄，我们没什么见识，不知说得对不对。”

使者说：“怎么能说这种话呢？如果像你们所说的那样，蜀郡人民没有必要改变原先类似夷狄的服装风俗了。我非常厌恶听到你们的这种话。然而这件事关乎大体，因此，不是旁观者所能完全理解的。我的行程很急，不可能把全部知道的都告诉你们，请允许我说个大概的情况吧。

“大概世间一定先有不同寻常的人，然后才有不同寻常的事，有了不同寻常的事，然后才有不同寻常的功绩。所谓非常，是说平常的人以为奇异的。所以，当非常的事情出现后，开始平常的人都感到惊奇；到了获得成功，天下便平安无事了。【46】

“从前洪水泛滥成灾，人民纷纷往高处迁徙，地面崎岖不平，百姓不得安宁。夏禹为此而忧虑，便堵塞洪水，疏通江河，分散洪水，救济灾民，使洪水东归入海，从此天下安宁。当时辛勤劳动的，难道只有人民吗？禹的心被忧虑烦恼，亲身参加劳动，手脚生茧，腿上看不到肌肉，皮肤上长不出汗毛。才能令美好的功业显于万世，名声和颂赞流传至今。

“而且贤明的君主承继大统，怎么能够只是猥琐细碎、器量狭窄呢，又怎么能够只是拘泥文字为流俗所制，整天诵读古代的记载和传说，人云亦云，取悦于世呢！必将是具有崇高宏大的议论，创立基业传给后代，给千秋万代建立法度。所以能奔走趋赴而包容万物，勤于思索而与天地并列。《诗经》不是说过吗：‘普天之下，没有哪里不是君王的领土；四海之内，没有谁不是君王的臣民。’所以普天之下，宇宙万物，若有哪一个有生命的生灵不受到恩泽，贤明的君主都会感到耻辱。如今疆界之内，受了教化的臣民，都获得了恩泽，没有遗漏的。而夷狄与我们的风俗完全不同，在辽远的地方隔绝，是其他族类的地域，车船不通，人迹罕至，政治和教化尚未施加，前代流传下来的良好风尚还不显露。接纳它则在边境上侵犯践踏礼义；拒绝它则恣意横行，逐杀君王，使君臣变换位置，尊卑的次序颠倒，父兄死于无辜，幼儿和孤立无援的人变成奴隶，被捆绑囚禁者向着中国哭诉：‘听说中国有至仁至圣的君王，恩泽广布，万物没有不得其所的，今天为何遗弃了我们。’抬起脚跟思念，就如同枯草盼望雨露一样。即使是心肠最硬的人也要为此流泪，更何况皇上英明，又怎么能停止开通夷狄呢？所以向北出师讨伐强大的匈奴，向南派遣使者责备强劲的南越。向四面八方宣扬恩德，南夷和西夷的君长们像鱼一样向着流水，希望得到封号的数以亿计。因此才以沫水、若水为关，以牂柯为界，修零关道，在孙水的源头架桥。开创道德之路，广播仁义的大统，将圣上的恩德远施，安抚驾驭远方，使疏远者不被关闭，黑暗的地方得到阳光的照耀，以平息战争，停止杀伐征讨。远近一体，中外幸福，不也是很令人快乐的吗？救助人民于水深火热之中，尊奉皇上的美德，扭转末世的颓势，继承周代开国君主的事业，这就是天子的当务之急。百姓虽然劳苦一时，又怎么能够停止呢？

“况且帝王的事业没有不从忧患开始而以享乐告终的。那么是否能受命于天的征兆就全在这里了。天子将要在泰山封禅[①]，在梁父祭祀祖先，车上的鸾铃已经响起，歌颂的音乐已在飞扬，上与五帝咸同，下登三王之

① 封禅：战国时齐鲁有些儒士认为五岳中泰山最高。帝王应到泰山祭祀，登泰山筑坛祭天曰“封”，在山南梁父山上辟基祭地曰“禅”。

上。但观看者没看见圣贤的手指，谛听者没有听见声音，这就如同鹪明[①]已经翱翔在辽阔的天空，而捉鸟的人却还在那里张开网看着已经无水的湖泽。这是多么可悲啊！”

于是诸位年长者和地方官吏茫然丧失了原先的期望和觐见的动机，共同称赞说：“这确实是汉朝的恩德啊，这也是我们所希望听到的。现在百姓们虽然劳倦了，请让我们带头走在前面。”于是面带怅惘之色起身后退，拖延了一会儿便告辞了。

后来，有人告发相如出使西夷时接受了贿赂，因此被免去了官职。过了一年多，又被召见任命为郎官。

相如有口吃的毛病，但很擅长写文章，经常患消渴病。与卓文君结婚以后，家中的财产很多。在居官期间，不愿参与那些公卿大夫们关于国家大事的议论，经常托言有病在家闲居，并不留恋官爵职位。他曾经跟随皇帝到长杨宫打猎。当时皇帝喜欢亲自击杀熊和野猪，骑马追逐野兽，相如因此上疏劝谏皇帝。他在疏中说：

我听说有些东西虽然类型相同而能力却很悬殊，所以要论力大无穷就要数乌获，迅速敏捷就要首推庆忌，勇猛刚毅就比不上孟贲和夏育。我至蠢至愚，私下以为人是这样，兽类也是如此。现在皇上喜欢登上险要的地

---

① 鹪明：亦即焦明。古代传说中的东方神鸟。

方去射杀凶猛的野兽，如果突然遇到特别强壮有力的野兽，马在意想不到的地方受惊，触犯到您的随行车辆，那么，您的乘舆就会来不及掉头，卫士们无暇施展自己的本领，这时纵然有乌获、逄（páng）蒙一样的本领，也是没有用武之地的。就连枯朽的树木也可以成为祸害。如果胡人、越人乘机在京城起事，羌人、夷人驾着战车随之而来，难道不危险么！即使绝对安全无祸，然而这原本不是天子应该接近的地方啊。

即使是警戒行人后再往前走，等到了宽阔的道路才开始快跑，也还有马口中的铁勒和车前横木断裂一类意想不到的变故。更何况在莽原荒丘上奔驰，眼前有捕获野兽的快乐而心中丝毫没有应付突然事变的准备，那么恐怕灾祸就不难发生了！看轻万乘之尊不以平安为乐，而以在有危险的道路上行进作为乐事。我认为皇上是不应当这样做的。

洞察秋毫的人早早就能发现尚未萌芽的事物，聪明的人在尚无形迹的情况下便能够避开灾祸，灾祸本来就多半隐藏在不易被人察觉的地方，发生在人们容易大意的时候，所以俗话说：“家中积累千金，不在屋檐下坐。”话虽然说的是小事，但可以用来比喻大事，希望皇上三思。

皇上认为相如的意见提得好，在归途路过宜春宫的时候，因为秦二世在这里自杀并埋葬在这里，于是相如就写了一篇赋，哀悼二世的行为过失，赋成之后献给皇上。【47】那篇赋这样写道：

【47】

登上倾斜不平的长坡啊，进入巍峨壮丽的宫殿。靠近曲江池以盼的堤岸和小洲啊，遥望南山参差不齐的山峰。幽深而又高峻的峰峦啊，满是深深的豁谷。时紧时缓远远流去的溪水啊，注入广阔的沼泽平原。欣赏大森林的茂盛啊，在草木混杂的竹林中尽情观览。骑马驰上东边的土山啊，提起衣服淌过石上的流水走向北方。少间迟缓不再前行啊，在二世的陵墓前将他悼念。他立身行事不谨慎啊，落得亡国丧权。听信奸佞的谗言而不醒悟啊，将宗庙社稷灭绝。可悲呀可悲！他品行不端不得民心啊，基地长满杂草无人修理啊，灵魂得不到归宿得不到后人祭祀。永远地与世隔绝而无期限啊，愈是久远愈是黑暗。精灵魍魉凌空飞扬啊，涉历九天而永不回返。

哎呀，可悲呀可悲！

相如被授予孝文园令[①]的职务。皇帝很是赞美子虚的事，相如见他喜欢仙道，就对他说：“上林苑的事并不够美，还有更加华丽的。我曾经写作《大人赋》，还没有写完，请允许我写完之后献上。”相如认为传说中的那些仙人都居住在山野之间，形体很瘦弱，这不是帝王的仙意，因此写成了《大人赋》。他在赋中写道：

世上有大人啊，居住在中州[②]。住宅长达万里啊，脚步却不可以稍微停留。为世俗逼迫、处境狭窄而悲伤啊，轻装离去到远方游历。驾着红色的旗幡和白色的虹霓啊，乘着云气上浮。竖起格泽之气作为长竿啊，把光耀之气系在竿上作为装饰。将旬始星垂挂在旗边啊，拖住彗星作为羽毛。旌旗随风而指啊，又随风而飘扬不止。采摘天欃(chán)星和天枪星做旌旗啊，用断虹做旗杆的套子。气深远而迷乱啊，像暴风向上升起云彩飘浮在空中。乘着应龙和大象驾的车子屈曲行进啊，驾着赤螭、青虬蜿蜒爬行。骄傲地纵情奔驰啊，像尺蠖(huò)那样蜷曲隆穹。马头摇动而停滞不前啊，翘首低首参差不齐。忽进忽退像鸟儿振翼飞翔啊，似惊起的狡兔一样奔跑。喧嚣着踏到了路上啊，踊跃而起飞腾狂奔。像闪电鸣雷般通过啊，

① 孝文园令：官名。掌管汉文帝刘恒陵园的长官。秩六百石。
② 中州：犹指中国、中土。泛指汉朝统治的区域。

突然间雾散云消。

斜渡东极而登北极啊，与神仙聚在一起。相互折回奔向深远的地方啊，横渡飞泉向正东奔去。征来所有的神仙进行挑选啊，安排众神在那瑶光星。命令五帝为先导啊，遣去太一而令陵阳仙人为侍从。左面有玄冥右面有含雷啊，前有陆离而后有潏（yù）湟。役使征伯桥与羡门高啊，让岐伯掌管医方。命令祝融清道并担任警戒啊，澄清浊气而后行。聚集起万乘车驾啊，举起五色云的车盖和华丽的旗。令句芒少率领随从啊，我要到南方去游戏。

经崇山见到唐尧啊，历九嶷山拜访了虞舜。路途重重纵横交错啊，万马纷纷正在奔驰。互相碰撞一片混乱啊，汗水澎湃淋漓不能向前。云聚集在一起啊，蔓延流散而不齐。直入幽深险峻的雷室啊，出没在众鬼居住的鬼谷。遍览八紘[①]四荒[②]之地啊，渡过长江而越过大河。往来炎火而浮于弱水啊，无船摆渡足踏流沙河。忽然歇息在葱岭山，在水中嬉戏啊，令女娲鼓瑟河伯跳舞。宇宙阴暗而混浊啊，召来天使诛杀风伯刑罚雨师。望着昆仑山若明若暗啊，直接驰向三危山。推开天门直接进入天帝的宫殿啊，带着仙女一起返回。登上阆风山而安详地歇息啊，如乌鸦高翔一齐落在那里。在阴山徘徊婉转飞翔啊，我今天才目睹西王母的皓然白首。戴着华丽的首饰在洞中居住啊，有三条腿的神鸟为她驱使，若能像

① 八紘：指最远的地方。

② 四荒：觚竹、北户、西王母、日下为四荒，意即四方昏荒不开化的地区。

这样长生不老永不逝去啊，纵然能救助人间万世也不值得喜欢。

掉转车轮往回走啊，在不周山绝道而在幽都山聚食，吸夜露餐朝霞啊，品尝芝英的味道吃一点琼华。举首仰视渐渐高耸啊，波涛汹涌而向上腾飞。穿过天门到达极远之地啊，看着云神降下滂沱大雨。奔驰的游车徐徐下降啊，纵横的云雾渐渐远去。世间的处境狭窄啊，舒缓缰绳从北面的边际冲出。把坐骑留在北极之山啊，将先驱遗在天之北门。往下看深远而不见地啊，往上看广阔不见天。眼昏眩而看不见明，耳间模糊听不清。乘着虚无之气而到达远方啊，超出无有而独自生存。

相如进献《大人赋》后，皇帝看后大为高兴，飘飘然有凌云冲霄的气概，好像真的在天地之间遨游了一番似的。【48】

相如因病免官以后，住在茂陵家中。皇帝说："相如病得厉害，可以派人去把他写的书全都取来，不然的话，以后就遗失了。"等到派所忠前去时，相如已经死了，家中并没有书。问他的妻子，说："相如原本不曾有什么书。他时常写书，又时常被人拿去，因此家中什么也没有。相如没死时，写了一卷书，说有使者来取时，就献上去。没有其他的书。"他的妻子就把那卷写封禅事的书拿出来交给了所忠，所忠呈献给皇帝后，皇帝感到非常奇异。那部书说：

自从上古创世之始，天生黎民百姓，历经列君，以

至于秦朝。循着近代历史足迹，聆听远古的风声。多而纷乱，灰飞烟灭而不为世人所称道者，不可胜数。继承虞舜、夏禹，死后有崇高谥号的，概略算来有七十二位君主。没有谁顺从善良而不昌盛，没有谁逆行失德而能生存的吧？

黄帝以前，时间久远渺茫，其详细情形没有记载无从知道。五帝、三皇以来的君主，从“六经”记载和传记来看，其善恶就可以知道了。《尚书》说：“贤明啊君主，得力啊臣子。”据此而论，没有哪个君主的盛德比得上唐尧的，没有哪一个臣子的才能比得上后稷的。后稷在唐尧时创立基业，公刘在西戎逐渐得志，周文王改革制度，至周朝达到鼎盛，太平之道行于天下，于是功业成就，以后虽然衰微，但千载没有恶名，难道不是善始善终么！之所以能如此，其实并没有什么别的原因，只不过是在开始时谨慎地遵守规则，在终结时小心地继承遗训罢了。因此规矩平易容易遵守；恩德广被，容易富足；法度彰明，容易仿效；传位理顺，容易继承。因此王业虽然在周成王时成就，而在周文王、周武王时功绩最为显赫。度其始终，没有什么特殊的事迹可以和今天相比较。然而他们还是登上泰山和梁父山，立尊号，加美名。大汉朝的恩德，像源泉一样涌流，泽及四海，广被八方，像云雾一样散布，上通九天，下流八方边远之地。凡是有生命的种类都得到了恩泽，协和之气横溢，淫威飘然逝去，近狭之处溉及根本，远阔之处泽及末梢，罪大恶极者灰飞烟灭，夷狄之人洞见光明，就连昆虫之类也得到欢乐，回首面向朝廷。然后蓄养珍贵的义兽驺虞，拦截怪兽麋鹿，从厨房选择一茎六穗的粮食，拿生着双角的野兽以供祭祀。在岐山获得周代遗留下来的神龟，在沼泽中招来黄帝登仙时乘坐的神马，至德与神明接通，仙人在馆舍旅居，奇物生化无穷。符瑞如此鲜明，还认为恩德太薄，不敢讲到封禅。当时周代小鱼跳到船上，武王就认为这是祥兆，把它烤了祭天，还因此登上泰山，这事情是多么微小啊，不是显得很惭愧吗！周朝未可封禅而封禅，汉朝可以封禅却不封禅，差异是多大啊！

于是大司马向皇上进言说：“陛下仁爱抚育天下百姓，仗着道义征讨不顺从的，四方乐意进贡，蛮夷具礼朝见，恩德无与伦比，符兆祥瑞纷纷相继而至。想必是泰山和梁父山的坛场期待皇上驾临，欲加上尊号和前代比荣耀，上天垂恩于地下，将以封禅而告成功，然而陛下谦恭礼让，不肯发动封禅呀，这样就断绝了上帝、泰山、梁父三神的喜欢，缺乏王道应有的礼仪，群臣惭愧啊！有人说，既然天神已经暗示，符兆降临不可辞让，辞让了泰山将无立表机会，梁父山也享受不到祭祀了。况且如果自古帝王都与时代并荣，隔代而绝，述说者还有什么称赞于后代，又怎么知道历史上有七十二位君主封过泰山呢？修养德性而得到符瑞，得到符瑞而封禅，并不能算是超越礼仪。所以圣明的君主不废除封禅，而尊敬地供奉神灵，在嵩山刻石记功，以此彰明至尊的地位，弘扬德行，显露荣耀，承受福禄，泽及百姓。这种事十分伟大啊！天下的壮观景象，帝王的宏图大业，不可减损啊！希望陛下能够成全这件事。然后荐举儒雅之士详尽地记述，使他们得到日月之光照耀，施展他们的才干，陈列封禅的意义，作为《春秋》之后新的经典著作，将原有的“六经”增为“七经”，使以后万代得以激发忠义，光大隐微之波，飞传英烈之声，腾驰茂盛之实。以往圣明的君王之所以永保英名而为后代称颂，都是因为他们这样做了。应该让太史掌故把封禅的礼仪呈送给您观览。”【49】

于是天子欣然改变了脸色，说：“好啊，让我试一试吧。”接着总括了公卿的议论，征询封禅大计，作诗歌颂大泽的广

博、符瑞的丰富。于是作颂说：

自我苍天覆盖，彩云油油而行。甘露多如时雨，其泽可以游泳。汁液润泽下流，万物无不长育；嘉禾一茎六穗，丰收何不蓄积。

不只甘霖普降，皇恩将我滋润；不只沾我一人，且又广泛散布，生灵万物和乐将其怀念思慕。名山盼望封禅，渴望明君幸临。君主啊君主，何不速行封禅！

色彩斑斑神兽，乐在我君苑囿；白底配上黑纹，仪表可嘉可喜；容貌和蔼恭敬，犹如君子之态。昔日只知其名，今日见其真形。不知从何降临，当是天瑞之征。此兽现于舜时，虞舜从此而兴。

白麟自在嬉游，游在我君五畤[1]。孟冬十月时节，君往郊外祭祀。驰往我君驾前，供奉天帝赐福。此事三代以前，大概不曾有过。

黄龙蜿蜒屈伸，至德兴旺而升；色彩炫耀夺目，至为辉煌光明。帝王至尊显见，觉悟黎民众生。经传应当载此，说是受命所乘。

天瑞已经彰明，不必谆谆告知，依前寄托寓意，谕告封禅圣君。

翻开“六经”来看，天道和人道已经交接，上天和下民互相表达和谐。圣君的德政，在于兢兢业业。所以说：“兴盛的时候一定要考虑衰微，平安的时候一定要考虑危险。”因此，商汤王和周武王位居至尊，不忘记祭祀众神，虞舜观察星象，以检察政事的得失，说的就是这回事。

司马相如死去五年，皇帝才开始祭祀后土。死后八年，就先敬拜嵩山，再封泰山，到梁父山祭肃然山。

相如的其他著作，如《遗平陵侯书》《与五公子相难》《草木书》等都没有收入本传，在这里只收集了那些在公卿大夫中特别流传的篇章。

太史公说：《春秋》是有显而易见的事实推演出抽象的道理，《易经》通过隐微的道理告诉人们显露的事实，《大雅》是讲王公大人们施德在百姓身上，《小雅》以自己的得失来

① 五畤：汉武帝祭天地五帝的地方。

非难政事，达到对上讽谏的目的。所以这四种言辞虽然表述不同，但在要求符合道德上是一致的。相如的文章虽然多是虚空的言辞和夸张的说法，但文章的要点归于引导节俭上，这和《诗经》的讽谏没有什么不同。我摘录他那些有价值的议论文章写在本篇列传中。

## 知识拓展

**崇论闳议**

释义：崇：高。闳：宏大。指高明卓越的议论。

出处：《史记·司马相如列传》：“必将崇论闳议，创业垂统，为万世规。”

**兼容并包**

释义：把各个方面或各种事物都容纳进去。

出处：《史记·司马相如列传》：“故驰骛乎兼容并包，而勤思乎参天贰地。”

**参天贰地**

释义：为人之德可与天地相比。后引申为人之德可与天地相比。

出处：《史记·司马相如列传》：“故驰骛乎兼容并包，而勤思乎参天贰地。”

**负弩前驱**

释义：背着弓箭走在前面开道，表示尊敬。

出处：《史记·司马相如列传》：“至蜀，蜀太守以下郊迎，县令负弩矢先驱，蜀人以为宠。”

## 知识拓展

**家徒四壁**

释义：徒：只，仅仅。形容家中十分贫穷，只有四面墙壁。

出处：《史记·司马相如列传》：“文君夜亡奔相如，相如乃与驰归成都。家居徒四壁立。”

**坐不垂堂**

释义：垂堂：近屋檐处。不坐在堂边外面，怕掉到台阶下。比喻不在有危险的地方停留。

出处：《史记·司马相如列传》：“家累千金，坐不垂堂。”

**子虚乌有**

释义：子虚：并非真实。乌有：哪有。指假设的、不存在的、不真实的事情。

出处：引司马相如《子虚赋》：“田罢，子虚过诧乌有先生，而无是公在焉。”

**望风披靡**

释义：比喻军队毫无斗志，老远看到对方的气势很盛，没有交锋就溃散了。

出处：引司马相如《上林赋》：“应风披靡，吐芳扬烈。”另见于《汉书·杜周传》：“天下莫不望风而靡。”

# 史记卷一百一十八
# 淮南衡山列传

扫描二维码
阅读本篇原文

## 刘长　刘安　刘迁　雷被　刘赐　徐来

淮南厉王刘长，是汉高祖刘邦的小儿子，他的母亲是原来赵王张敖的美人。高祖八年（公元前199年），高祖从东垣经过赵，赵王即把美人献给了高祖，高祖宠幸她，让她怀了孕。赵王张敖不敢再把她收在后宫，另外修筑了一座外宫让她住着。到了贯高等人在柏人谋反的事被发觉，赵王也被牵连治罪，赵王的母亲、兄弟以及美人也都被捕，囚禁在河内。厉王的母亲也在，对管事的官吏说："我曾经得到过皇上的宠幸，怀孕了。"官吏把这事报告给皇上，皇上正痛恨着赵王，不理睬厉王的母亲。厉王母亲的弟弟赵兼通过辟阳侯审食其报告了吕后，吕后对厉王的母亲心怀妒意，不肯向皇上说，辟阳侯也没有强争。厉王的母亲生了厉王以后，十分愤懑，自杀了。官吏抱了厉王给皇上看，皇上后悔没有处理好这件事，就令吕后作为母亲照养厉王，把厉王的母亲葬在真定。真定是厉王母亲的老家，父祖辈世代住在那儿的。

高祖十一年（公元前196年）七月，淮南王黥布造反，高祖立儿子刘长为淮南王，统治黥布原来的封地，共四个郡。高祖亲自带兵攻灭了黥布，厉王于是即了位。厉王从小失去母亲，亲近吕后，所以孝惠帝和吕后也没有被厉王怀恨。但他常常怀恨于辟阳侯，只是没有敢于发作。孝文帝登上皇位以后，淮南王自以为与天子最亲，骄横不驯，经常不遵守法律。

孝文帝也因为是亲人的缘故常常宽恕他。文帝三年（公元前177年），厉王入朝，举止粗暴无礼。跟随皇上到皇家林苑打猎，与皇上同乘一辆车子，经常直呼皇上为“大兄”。厉王身材高大，力能扛鼎，于是去拜访辟阳侯。辟阳侯出来迎接他，厉王从衣袖中抽出早就准备好的铁锥击中辟阳侯，又令他的随从魏敬刺中辟阳侯的脖子。然后厉王骑马奔到宫门口，脱下衣服，光着膀子向皇上请罪说：“臣的母亲不应该牵连进赵王谋反的事里去而获罪，那时候辟阳侯有能力向吕后指出这一点而得到吕后的谅解，但辟阳侯没有这样做，这是他的第一桩罪，赵王如意母子俩是没有罪的，但吕后把他们杀了，辟阳侯理应谏阻而没有谏阻，这是他的第二桩罪，吕后把她家中的人都封了王，想要夺取刘家的位置，辟阳侯理应谏阻而没有谏阻，这是他的第三桩罪。臣现在替天下百姓杀了贼臣辟阳侯，报了母亲的怨仇，甘愿俯伏在宫门口请罪。”孝文帝觉得他的心情可以理解，又因为是亲人，就没有治他的罪，把他赦免了。那个时候，薄太后、太子刘启以及朝廷的大臣都害怕厉王，因此厉王回到自己的封国后更加骄横放肆，不遵循朝廷政府的法律，出门使用天子的仪仗和排场，下达命令时称“制”[①]，自己制订法令，仿照天子的做法。

孝文帝六年（公元前174年）。厉王下令男子但等七十个人与棘蒲侯柴武的太子奇计谋，装备辇车[②]四十辆，在谷口造反，又派遣使者到闽越、匈奴进行联络。事情被发现后，迅速被处置了，并派使者征召淮南厉王，厉王到

---

① 制：天子亲自发布的命令称“制”，淮南王竟敢用天子的用语，可见其骄恣。
② 辇车：一种马拉的大车。

了长安。【50】

“丞相臣张苍、典客臣冯敬、代理御史大夫的宗正臣逸、廷尉臣贺、备盗贼中尉臣福冒着死罪的罪名上言：淮南王刘长破坏先皇帝制定的法律，不服从天子的诏令，日常行为规范不合法度，制造黄金盖的车子，出门的排场模仿天子，擅自制订法令，不执行朝廷政府的法律。他所设置的官吏，以郎中春为丞相，聚集、收罗各诸侯国的人以及负罪逃亡的人，把他们藏匿起来，给他们娶妻成家，送给他们财物、田地和官爵俸禄，官爵有高至关内侯，俸禄有高到二千石的，这些反常的措施，是说明他想要有些不寻常的举措。大夫但、士兵开章等七十人与棘蒲侯的太子奇谋图造反，想要颠覆宗庙、社稷。他们派开章暗暗告诉刘长，商量派遣使者到闽越和匈奴让他们发兵。开章到淮南见刘长，刘长多次跟他一起吃饭，促膝对谈，又为开章娶妻成家，给他二千石的俸禄。开章派人通知但，说是已与淮南王沟通了。丞相春也派遣使者到但那儿去。官吏警觉得知以后，派长安尉奇等去逮捕开章。刘长把开章藏匿起来，与原先的中尉蕳（jiān）忌谋划后，把开章杀死灭口，做了衣服棺椁，把尸体埋葬在肥陵邑，欺骗官吏说：‘不知人在哪里。’又在另一处做了假坟，在坟上立了一块牌子，上说：‘开章去世，埋在这里。’刘长还自己亲手杀了一个无罪的人，下令让官吏杀死六个无罪的人；把无辜者抓走，去顶替那些亡命、弃市的罪犯；擅自给人判罪，判了以后不向朝廷政府报告备案，判了城旦[①]、舂[②]以上的罪人有十四个；赦免了罪犯和死刑犯共十八人，城旦、舂以下的罪犯五十八人。赏人爵位自关内侯以下的有九十四人。从前刘长生病，皇帝陛下为之担忧，派遣使者送去慰问信及枣脯，刘长不想接受，还不肯拜使者。居住在庐江一带的南海人造反，淮南王的兵士平了叛。皇帝陛下认为淮南老百姓贫苦，派使者赐给刘长五千匹帛，想让他赐给兵士中劳苦的人，但刘长不想接受，欺骗说：‘没有劳苦的人。’南海人五织上书要把玉璧献给皇帝，淮南王的下属蕳忌把奏文烧掉，没有传达给皇上。官吏要求处理蕳忌，刘长庇护不让蕳忌走，欺骗说：‘蕳忌病了。’丞相春又向刘长提出请求，愿意上朝去见皇帝，刘长发怒说：‘你要离开我而归附朝廷！’臣等请求按照法律，判处刘长死刑。”

皇上指示说：“我不忍心以法律治淮南王的罪，再让列侯、

① 城旦：一种以筑城的苦役为惩罚的刑罚。

② 舂：一种舂米的刑罚，仅施行于妇女。

二千石的官员们讨论讨论吧！”

“臣苍、臣敬、臣逸、臣福、臣贺冒着死罪的罪名上言：臣等极其严肃认真地与列侯、二千石官吏婴等四十三人讨论，都认为：刘长不遵守法度，不服从天子的诏令，背地里结党营私，收罗妄图造反的人，把亡命之徒招养起来，这都是图谋不轨。臣等讨论认为应该依法处理。”

皇上指示说：“我实在不忍心以法律治淮南王的罪，还是赦免他的死罪，把王给废了吧。”

“臣苍等冒着死罪的罪名上言：刘长有足够大的罪判处死刑，皇帝陛下不忍心以法律判处，赦免他废去王号。臣等请求把刘长安置在蜀郡严道县的邛邮，遣送那些有孩子的妾姬一同前往，严道县负责修筑住处，并供应粮食、柴火、盐、菜及炊具被褥。臣等冒着死罪请求，请陛下布告天下。”

皇上指示说：“考虑每天供应刘长肉五斤，酒二斗。令原先美人、才人中刘长喜爱的十人与他同住。其他的照你们说的办。”

朝廷把那些参与谋议造反的人都杀了。然后遣送淮南王，把他装在辎车①中，让沿路各县依次押送。当时袁盎劝谏皇上说：“皇上一直以来都纵容淮南王，没有给他派置能严格约束的太傅和丞相，才搞成这个样子。而且淮南王性格暴烈，现在突然用强硬严厉的手段对付他，臣担心他遇雾露受凉病死，那么陛下就要背负杀弟的名声，怎么办！”皇上说：“我仅是让他吃点苦，很快让他回来。”各县在遣送的时候都不敢把辎车打开。淮南王对侍者说：“谁说你们的主人是个勇

① 辎车：有帷帐遮蔽、可以坐卧的车子。

敢的人？我其实勇什么！我因为骄横却不知道我的过错到这个地步。人生一世，怎么能像这样地悒悒不振！”于是绝食而死。到了雍，雍县令打开辎车，见人死了，报告上去。皇上哭得很悲痛，对袁盎说：“我没有听您的话，让淮南王死了。”袁盎说：“不这样有什么办法，愿陛下宽心。”皇上说：“那怎么办呢？”袁盎说：“把丞相、御史大夫杀掉向全国道歉，就行了。”皇上就下令让丞相、御史大夫查出那些沿路不打开辎车给淮南王送食物的县令，都判了死刑。用列侯的仪式把淮南王葬在雍，派三十户人家看守坟墓。

文帝八年（公元前 172 年），皇上怀念淮南王，淮南王有四个儿子，都七八岁，就封刘安为阜陵侯，刘勃为安阳侯，刘赐为阳周侯，刘良为东成侯。

孝文帝十二年（公元前 168 年），民间有人创作了一首歌谣，歌唱淮南王的事：“一尺布，尚可缝；一斗粟，尚可舂。兄弟二人不相容。”皇上听到了，叹息说：“尧、舜放逐了骨肉之亲，周公处死了管叔和蔡叔，天下人都说这是圣人的作为。为什么？因为他们不以私害公。天下人难道认为我是企图占吞淮南王的封地吗？”于是让城阳王占有管理了淮南王原有的封地，追加了谥号给淮南王，叫作“厉王”，以诸侯的等级重修了他的墓园。

孝文帝十六年（公元前 164 年），让迁徙到淮南王封地上的城阳王仍旧回到城阳的封地上。皇上哀怜淮南厉王蔑视法律行为不轨，致使失去封国、英年早逝，就把他三个儿子封了王：阜陵侯刘安为淮南王，安阳侯刘勃为衡山王，阳周侯刘赐为庐江王，把淮南厉王原先的封地三分了。此前东城侯刘良已经死了，没有后代，所以就没有封他。

孝景帝三年（公元前154年），吴、楚等七个诸侯国造反，吴的使者到淮南联络，淮南王想要起兵响应。他的国相说："大王如果一定要起兵响应，那么我愿意带兵。"于是淮南王就把兵权交给了他。国相得到了兵权，把城守卫起来，不再听从淮南王的决策而听从了朝廷。朝廷同时也派曲城侯带兵来救淮南。因此淮南才得到保全。吴的使者到庐江，庐江王不肯起兵响应，而派遣使者与赵联系。吴的使者到衡山，衡山王坚决站在朝廷一边，没有二心。孝景帝四年（公元前153年），吴、楚之乱已经平息，衡山王入朝，皇上夸奖他忠诚，慰劳说："南方地势低湿。"把衡山王的封地移到济北，以此褒奖他。衡山王死了以后，赠给他的谥号是"贞王"。庐江王与越接壤，多次派遣使者联络，所以把庐江王改封衡山王，把他迁到了长江以北。淮南王没有变动。

淮南王刘安爱好读书鼓琴，不喜欢打猎骑马射箭，也是想以此安抚平顺老百姓，在全国传播自己的声誉。他对厉王的死常常抱着怨恨的态度，经常想要叛逆造反，但一时找不到借口。到了建元二年（公元前139年），淮南王入朝，与武安侯田蚡的关系一直很好，武安侯当时任太尉，在霸上迎接淮南王，对王说："当今皇上没有太子，大王您是高皇帝的亲孙子，行仁义，天下人没有不知道的。所以当今皇上万一永远离开我们，那么继承人除了您还有谁呢？"淮南王听了大喜，赠送给武安侯的金钱财物非常丰厚。他暗暗地结交英雄豪杰，安抚平顺百姓，作叛逆的准备。建元六年（公元前135年），天上有彗星出现，淮南王感到惊讶。有人对刘安说："以前吴的军队闹起来的时候，彗星出现只有几尺长，尚且流血千里。现在出现的彗星把整个天空都遮住了，可见天下的战争一定会规模很大。"淮南王认为皇上没有太子，天下将有变，诸侯都要来争斗，所以更加紧制造武器兵械，积蓄钱财，搜罗各郡国的游士奇才。那些出谋划策的能言善辩之士，妄作妖言，谄谀淮南王，王高兴，赏赐他们大量金钱，而谋反的企图也更强烈了。

淮南王有个女儿叫刘陵，能言善辩。王很喜爱她，给她很多钱，叫她在长安做眼线，交结皇上左右的人。元朔三年（公元前 125 年），皇上赐给淮南王凭几、拐杖，优待他不必依例入朝。淮南王的王后荼，很受淮南王宠爱。王后生的太子叫刘迁，娶了王皇太后的外孙修成君的女儿做妃子。淮南王准备谋反，害怕这个妃子知道而传到宫廷去，于是与太子策划，要太子装作不爱妃子了，三个月不与她同床。淮南王假装对太子发怒，把太子与妃子在同一间屋里关了三个月，但是太子坚持不与妃子同床。妃子自己要求离开，淮南王于是上书道歉，然后把她送走了。王后荼、太子迁以及女儿刘陵都得到淮南王宠爱，掌握了封国内的大权，侵夺老百姓的田地房屋，随便囚禁、殴打百姓。

元朔五年（公元前 123 年），太子学练剑术，自以为没有人能比得上了，听到郎中雷被剑术很高，就召来与他切磋。雷被谦让了两回以后不再客气，结果误伤了太子。太子发怒，雷被害怕了。当时想要从军的人常常到京师自愿申请，雷被就申请去跟匈奴作战。太子刘迁多次在淮南王面前说雷被的坏话，王即免了郎中雷被的官，想要禁止以后别人仿效。雷被这样就逃到长安，向皇帝上书表明自己的心迹。皇帝下令廷尉和河南郡来处理这件事。河南郡认定太子有罪，要把他抓起来。淮南王和王后谋划不把太子交出去，就此起兵造反，但又犹豫不决，十多天未能决定。恰巧有诏令下达，命令就地审讯太子。这时淮南国相痛恨寿春县丞，留着太子不遣送，奏劾寿春县丞犯了不敬罪；淮南王请求国相不追究此事，国相不听。王派人上书控告自己的国相，国相被送到廷尉处处理。他的口供有牵涉到淮南王的地方，淮南王暗中派人去朝廷的公卿间打听，得知公卿大臣都请求逮捕淮南王治罪。淮南王害怕事端突发，太子刘迁出主意说："汉使者如果来逮您，您可先让人穿着卫士的服装，持戟站在庭院里，您身边有什么意外，就让他们刺杀汉使，我也同时派人刺杀淮南中尉，然后举兵，为时不晚。"当时皇上不同意公卿大臣的请求，而派遣中尉宏就地审查淮南王。王听说汉使来了，就同意太子的策划。中尉到来之后，王见他神色温和，仅仅查问雷被免职的事，预料没有什么事，就没有动手。中尉回去把情况报告了。参加处理此事的公卿大夫说："淮南王刘安阻碍雷被等人自愿与匈奴作战，抗拒、干扰皇帝的法令，依法应当处死。"皇帝不同意。公卿又请求废去淮南王，也不同意。公卿请求把淮南王的封地减削五个县，皇帝下诏同意减削两个县。派遣中尉宏赦免淮南王的罪，减削封地作为惩罚。中尉进入淮南王的封国，就把赦免的消息传出去了。淮南王得知汉的公卿请求杀自己，还不知道只是削地惩罚，听到汉使来了，跟太子谋划像以前所计划的那样谋刺。等到中尉来到，向王祝贺，所以淮南王又没有动手。【51】但他后来伤心地

说："我行仁义反而被削了地，真感到耻辱。"这样，淮南王在削地以后，谋反的念头更加强烈。一些使者从长安回来，随便说些鬼话，说皇上没有儿子，汉朝统治不下去了，淮南王听了便高兴；如果说汉朝统治很稳固，皇上有儿子，淮南王就发怒，认为是胡言乱语。

淮南王昼夜与伍被、左吴等人查看地图，部署部队的作战路线。王说："皇上没有太子，一旦他驾崩了，朝廷大臣一定征胶东王继承皇位，要么就是常山王，诸侯都来争夺，我怎么可以没有准备？而且我是高祖的孙子，亲行仁义，皇帝陛下待我好，所以我还能容忍，陛下驾崩以后，我怎么能向那些竖子北面称臣呢！"

淮南王在东宫，召唤伍被来商议，说："将军请上座。"伍被怅然若失地说："皇上宽大，赦免了您，大王您怎么还说这样的亡国之语！我听说伍子胥劝谏吴王，吴王不听，所以子胥说：‘我要见到麋鹿在姑苏台上戏耍了。’我现在也要见到宫中长满荆棘、霜露打湿衣服了。”淮南王发怒，把伍被的父母扣压起来，关了三个月。再把伍被召来问道：“将军同意跟我一起做事了吗？”伍被说：“不，我是为大王着想啊！我听说耳朵亮的人在声音没有出现以前就听出声音，眼睛明的人在事物未显以前就看出苗头，所以圣人办一万件事就能成一万件。过去周文王一起事，他的功绩就能显于千世，列为三代，这是因为顺应天意而动，所以天下人都响应他。这是还能见到的一千年以前的事。还有百年以前的秦朝，现在的吴、楚等国，它们的事都可以用来明了国家存亡的道理。我不敢逃避伍子胥被杀的命运，愿大王您不要以吴王为榜样。

“过去秦王朝毁弃圣人之道，把儒生杀了，把《诗》《书》烧了，把礼乐撇了，崇尚计谋和武力，依靠严刑和酷法，把海边的粮食运到西河。那个时候，男人努力耕种连糟糠也吃不饱，女人纺织连躯体都遮不住。而秦始皇派遣蒙恬修筑长城，从东到西几千里，动用军队常常达几十万人，死者不可胜数，尸体遍布千里之地，鲜血淌遍土地，百姓精疲力竭，想要造反的十家里面有五家。始皇又派徐福入海寻求神异的事物，徐福回来欺骗他说：‘我见到了海中的大神，他说：“你是西边皇帝的使者吗？”我回答说是。又问：“你有什么要求？”我回答说：“要延年益寿的仙药。”大神说：“你们秦王的礼物太微薄了，所以你只能看看，不许拿走。”就让我跟着大神向东南到了蓬莱山，看到了灵芝组成的宫阙，其中有使者，铜的面色、龙的形体，发出的光照亮天空。这样我再拜以后又问：“应该拿什么进献？”海神说：“用童男童女以及各种器物，就可以得到仙药。”’秦始皇听了徐福的话十分高兴，就遣送了童男童女共三千人，加上粮食和各种工匠。徐福带着这些人找了一块土地丰饶的地方称王，再也不回来了。老百姓想念被带走的孩子，悲痛欲绝，想要造反的十家里面就有六家。秦皇又派尉佗带兵翻越五岭进攻百越，尉佗知道国家已经十分疲惫，就在那儿做了王，不再回来，派人上书，请求派遣没有丈夫的女人三万个，为士卒缝补衣服。秦皇帝准许给一万五千人。这样老百姓人心涣散，想要造反的十家里面就有七家。有人对高皇帝说：‘时机已经到了。’高皇帝说：‘再等等，有人会在东南方向起事。’不到一年，陈胜、吴广起义了。高皇帝在沛县起兵，号召一出，天下响应的人不可胜数。这就叫等待时机，乘虚而入，顺应秦朝灭亡的趋势而行动。百姓的愿望如此，如大旱盼雨，所以高祖出身士兵而能当上皇帝，功劳高过三王，德业流传不尽。

“现在大王您见到高皇帝得天下那么容易，但怎么不见到现在吴、楚等国的结果呢？那个吴王赐号为‘刘氏祭酒’，还有不必依例入朝的待遇，统治着四个郡的众多百姓，统治的封地有几千里，可以自己采铜铸钱，东面可以晒海水煮盐，上游可以伐江陵的木材造船，一条船的装载能抵上中原地方的车子几千辆，真可谓国富民众。他把珠宝金钱财物赠送给各诸侯宗室大臣，仅仅没送窦氏。谋划完毕确定计划，举兵向西进发。但到了大梁就被击败，到狐父就彻底完蛋，吴王向东逃去，到了丹徒就被越人抓住，身首离异，断了后代，成了天下的笑柄。以吴、越那么强大的势力还不能成功，这是为什么？因为确实是违背天意、不懂得时代潮流的缘故。

“现在大王您的兵力不及吴、楚的十分之一，而国家的强盛却要超过秦朝的万倍，衷心希望大王听从我的劝谏。如果不听从，可以看到您的事业必定不会成功，而您的计划已经泄漏出去了。我听说过微子经过故国的废墟而伤心，于是作《麦秀》之歌，他是痛心纣王不听从比干的话啊！所以《孟子》中说：‘纣贵为天子，死得比小百姓还不如。’这是纣王自绝于天下很久了，不是死的那天老百姓才抛弃他的。现在我也私下里伤心，大王您放着好好的千乘之君不做，一定要先留下绝命书，在群臣之先死于这个东宫！”刘安听后十分怨艾，气结于胸，眼泪横流，随即起身，走下台阶离去了。

淮南王有个庶出的儿子叫刘不害，诸子中年龄最大。淮南王不喜欢他，王、王后、太子不把他当作儿子和兄弟。不害的儿子叫刘建，身材高大性格刚猛，经常怨恨太子不把他父亲当兄弟看待，又经常怨恨其他诸侯王都把子弟分封为侯，而淮南王的两个儿子，一个做太子，一个却不得封侯。刘建暗地里结交亲信，想要打败太子，让他父亲接替。【52】太子知道以后，好几次把他抓起来殴打。刘建知道太子要杀汉中尉的密谋，便派他的亲信、寿春的庄芷在元朔六年（公元前123年）向天子上书说：“毒药苦于口利于病，忠言逆于耳利于行。现在淮南王的孙子刘建，有才能，淮南王的王后荼、太子迁经常在谋害刘建。建的父亲没有罪，他们几次任意捕禁他，想把他杀了。刘建现在就在那儿，可以去问他，淮南王的阴谋他全知道。”皇上看到了上书，就把此事移交廷尉

办理，廷尉把它移到河南郡审理。

当时已故辟阳侯的孙子审卿与丞相公孙弘关系很好，他怨恨淮南厉王杀了他的爷爷，就极力向公孙弘编造淮南王的事，公孙弘于是怀疑淮南王有造反的密谋，就加紧严厉审讯。河南郡审讯刘建，口供中牵涉到淮南王的太子和同党。淮南王很担忧，想要起兵造反，问伍被说："朝廷治理的情况怎样？"伍被说："治理得很好。"淮南王心里不高兴，对伍被说："你有什么证据说治理得很好呢？"伍被回答说："我私下里观察朝廷的政治措施，君臣之义、父子之亲、夫妇之别、长幼之序，都很符合规则，皇上的行为也以古人为榜样，风俗纲纪没有什么缺失。携带大量财富的富商大贤，在全国往来，道路没有不畅通的，所以交流贸易的功能得以实现。南越归顺，羌和僰也来进贡，东瓯降服，把疆土拓广至长榆、朔方，匈奴折翅伤翼，孤立无援不能振作。所以虽然赶不上古代的太平时世，但还称得上良好的治理。”淮南王大怒，伍被赶忙谢罪。

刘安又对伍被说：“山东如果出现战争，朝廷一定派大将军来控制山东，您认为大将军这个人怎么样？”伍被说：“我一个好朋友黄义，曾跟随大将军出征匈奴，回来以后告诉我说：‘大将军对待士大夫有礼节，对待士兵有恩惠，所以大家都乐意为他出力。上下山骑马如飞，能力和勇气都超过别人。’我认为有这样的才能和体力，大王的几位将领，是对付不了的。后来谒者曹梁出使长安回来，说大将军号令严明，对敌作战勇敢，常为士卒先。驻扎下来时，井还没打出水，他一定让士卒全部喝了水，自己才喝。部队回返，士卒全部渡河以后，他自己才渡。皇太后赐给他的金钱财物，他都全部转赐给士兵。即使是古代的名将也不能这样。”淮南王听了沉默无言。

淮南王看到刘建已受到制裁，害怕国内暗暗进行的事也要被察觉，就想要起兵，伍被又认为不行，于是再问伍被说：“您以为吴起兵对还是不对？”伍被说：“我认为不对。吴王富贵到了极点，但做事不恰当，结果身死丹徒，身首异处，子孙没有活下来的。我听说吴王也非常后海。希望大王您谨慎考虑，不要做吴王所后悔的事。”淮南王说：“男子汉大丈夫反正总有一死。而且吴王知道什么造反的事？一天之间让四十多个汉将通过了成皋，现在如果我下令让楼缓先占住成皋之口，周被下颍川带兵，把轘辕、伊阙的道路堵住，陈定发南阳的部队守住武关。这样的话，河南太守只有一个洛阳，哪里值得忧虑。尽管北面尚有临晋关、河东、上党、河内与赵国，但如人所说：‘堵住成皋这个要塞，整个天下就不通畅。’我们据三川之险，招山东之兵，如果照这样的策略起兵，您以为怎么样？”伍被说：“我看到的是祸，没看到会有什么福。”

淮南王说：“左吴、赵贤、朱骄如都认为不错，十有九能成功，您独以为有祸无福，这是为什么？”伍被说：“大王的群臣和亲近的人当中，那些平时能让众人听从指挥的，都关进牢里去了，余下的没有用得着的人。”王说：“陈胜、吴广当时没有立锥之地，领着数千人聚集一起在大泽乡起义，奋臂大呼而天下响应，向西进军到戏水就有了一百二十万兵马。现在我的国家虽小，然而精锐的部队可以得到十多万人，不是那些戍边的乌合之众，手里拿着镰刀、斧子、锄头、木棍可以比拟的。您凭什么说有祸无福？”伍被说：“当时秦暴虐无道。残害天下，兴万乘之驾，修造阿房宫，征收赋税占了百姓收入的一大半，让闾左那些不必服役的人都征发劳役。做父亲的不能让儿子得到安宁，做兄长的不能让弟弟得到便利，行政苛刻刑法严峻，天下百姓煎熬得烧焦似的，都伸着脖子在看，侧着耳朵在听，仰天悲号，捶打胸口怨恨朝廷，所以陈胜大呼，天下响应。当今皇帝陛下统治天下，海内统一，恩德普施于老百姓。皇帝尚未开口，声音就如雷霆，命令还未下达，传递执行就如有神助；心中有想到的，就已经感动万里，臣民们服从皇上，就如影子和回响那样。而且大将军的才能勇猛，不仅仅是章邯、杨熊所能比的。大王您以陈胜、吴广做例子，我认为是错的。”

淮南王说："即使像你所说的，难道不能侥幸成功吗？"伍被说："我有一条愚计。"淮南王说："是怎样的？"伍被说："当今诸侯没有异心，百姓没有怨气。朔方之郡田地广阔，水草丰美，迁往那里的人民不够充实那些地方。我的愚计，是可以伪造丞相、御史的上书，书中请求迁徙豪杰侠士及犯有两年刑罚罪以上的罪犯，赦免他们的刑罚，都去朔方之郡，把家产在五十万以上的民户，也都迁徙去那里。征发士卒，催紧到达日期。同时伪造左右都司空、上林中都官的诏狱文书，逮捕诸侯的太子及宠臣。这样会使百姓怨恨，诸侯恐惧，朝廷即使派能言善辩之士随之解释也无济于事。这样或许能侥幸万一成功。"王说："这样可以。即使这样，但我以为还不至于那么复杂。"

这样，淮南王下令让官奴入宫，伪造皇帝的印章，以及丞相、御史、大将军、军吏、中二千石、都官令、丞的印章，以及周围郡太守、都尉的印，汉朝使者用的使节和法冠，想按伍被计策行事。派人假装犯罪西逃，为大将军、丞相办事，哪一天起兵反叛，立即杀大将军卫青，那时说服丞相投降，就像揭头巾那样轻易。

淮南王想调集封国中的部队，担心国相、二千石官员不服从。王就与伍被计谋，先杀国相、二千石。故意在宫中纵火，国相、二千石赶来救火，等他们一到便杀掉他们。此计未定，又想要让人穿士卒的服装，带着羽檄，从东边来，高呼"南越兵入境"，因此就可发兵。于是派人到庐江、会稽扮作士卒，还没有出发。淮南王问伍被说："我起兵向西进发，诸侯中一定有响应我的。如果没有，又怎么办？"伍被说："向南收复衡山并进击庐江，占夺寻阳的战船，守住下雉，联结九江，堵住豫章的出口，用强劲的弓箭守住长江，以拦截南郡军队，不让他们沿江而下，东边收取江都、会稽，与南边的越国联系，在江、淮之间立足，还可以过几年日子。”王说：“很好，没有比这再好的。危急了就逃去赵国吧。”

这时候廷尉把淮南王孙子刘建供词中有牵涉太子刘迁的事报告了皇上。皇上派廷尉监[1]趁着拜会淮南中尉的机会，逮捕太子。廷尉监到了淮南，淮南王得到消息，与太子计谋，准备把朝廷派来的国相、二千石官员杀掉，然后就起兵。于是召来国相，国相来了。召内史，内史却不在，出去了。中尉则说：“我是奉诏令出使，不能去见王。”淮南王考虑到内史和中尉都没来，单把国相杀了也没用，就把国相也放了。这时淮南王犹豫不决。太子觉得自己被控告的是谋刺中尉，参与密谋的同伙已经死了，死无对证，危险不大，就对淮南王说：“群臣当中能用的都在上次抓走了，剩下的又干不成大事。现在不到时机就起兵，恐怕不会成功。我愿意让他们逮走。”淮南王也不想动手，就同意了太子的话。太子随即举剑自杀，没有死。伍被去自首了，坦白了与淮南王谋反的具体事实。

官吏由此逮捕了太子、王后，包围王宫，逮捕了在封国中的淮南王谋反的全部参与者，搜出谋反用的器械，都向皇上报告了。皇上把案子交给公卿处理，与淮南王谋反有牵连的列侯、公卿、二千石及豪杰之士共几千人，都按罪的轻重处死了。衡山王刘赐是淮南王的弟弟，本来也该抓起来，主

① 廷尉监：廷尉的属官，与廷尉一样都是司法官。

审官员也向皇上请示了。皇上说："诸侯各以其封国作为根本，不应该互相牵连。让诸侯王、列侯会同丞相讨论处理。"赵王彭祖、列侯臣让等四十三人讨论，结论是："淮南王安确实大逆不道，谋反的事实清楚，应当按法律处死。"胶西王刘端提出："淮南王刘安废弃法律，行为邪恶，心怀欺诈，以乱天下，蛊惑百姓，背叛祖宗，任意制造妖言。《春秋》说：'为臣的不能叛逆，否则就该杀戮。'刘安的罪重于叛逆，谋反的准备已经完成。我看到他制作的诏书、符节、官印、地图等物，以及他犯上作乱的事查验得十分清楚，确实大逆不道，应该受到法律制裁。封国中禄秩二百石以上以及等级相当的官员，还有宗室中没有够上受刑法制裁的近臣，因为他们不能教导和影响淮南王安分守法，所以都应该免去官职和爵禄，不得再做官。其他不是官吏的人，每人收缴赎罪金二斤八两。用这些措施揭露刘安的罪行，让天下人都知道臣子之道，不敢再有叛逆的心思。"丞相公孙弘、廷尉张汤等把胶西王的意见呈报给皇帝，皇帝派宗正带着符节去对淮南王实行判决。还没有到达，淮南王就刎颈自杀了。王后荼、太子迁以及参与谋反的人都被灭族。天子认为伍被的言论中有很多称颂汉朝的话，想不杀他。廷尉张汤说："伍被是第一个为刘安的谋反出谋划策的人，他的罪是不得赦免的。"于是伍被也被杀掉。淮南王的封国被撤销，改为九江郡。

衡山王刘赐，他的王后乘舒有三个孩子，长男刘爽做了太子，第二个儿子叫刘孝，第三个是女儿叫刘无采。姬妾徐来生了四个孩子，美人厥姬生了两个孩子。衡山王和淮南王兄弟两个都责备对方礼节不周，彼此有矛盾。衡山王听到淮南王在制作叛逆用的器械，他也交结了一些人作为心腹，以防自己的国家被淮南王所吞并。

元光六年（公元前 129 年），衡山王入朝，他的谒者懂得方术，想自己上书为天子效劳，衡山王恼怒，借故奏劾谒者卫庆犯有死罪，严刑拷打逼他招认。衡山国内史认为这个案子不对，推翻了对卫庆的判决。衡山王指使人上书告发内史，内史受审时说了王的不公道。衡山王又多次侵夺百姓田产，把百姓的坟墓毁掉开辟田地。司法机关请求逮捕衡山王判他的罪，天子不同意判罪，但封国中二百石以上的官员都由皇帝派遣。衡山王由此十分怨恨，与奚慈、张广昌计谋，搜罗懂得兵法、懂得观察星气的人才，日夜与王一起密谋造反的事。

王后乘舒死了，立徐来为王后，与厥姬二人都得到宠幸。两人互相嫉妒，于是厥姬在太子处挑拨说："徐来指使婢仆用巫蛊杀死了太子的母亲。"太子就对徐来怀了恨。徐来的哥哥到衡山国来，太子与他饮酒，用刀刺伤了他。王后怨怒，多次在王面前诋毁太子。太子的妹妹无采结婚后又离异回了家，与奴仆通奸，又与门客通奸。太子多次责备无采，无采生气，不再跟太子往来。王后知道了，就待无采很好。无采与二哥刘孝从小失母，依恋王后，王后装作喜爱他们，让他们与她一起诋毁太子，因此衡山王多次责罚鞭打太子。【53】元朔四年（公元前 125 年）的时候，有人伤害了王后的乳母，王怀疑是太子指使人伤害，就又鞭打太子。后来衡山王病了，太子常常推托有病不来服侍。刘孝、王后、无采说太子坏话："太子其实没病，自己说病，脸上却有喜色。"王大怒，要废去太子，立弟弟刘孝做太子。王后知道王已下决心废掉太

子，她就想把刘孝也再废掉。王后有个侍者善于歌舞，很受王的宠爱，王后想让这侍者与刘孝通奸来玷污他的名声，这样可以把兄弟俩都废掉而立她自己的亲生儿子刘广做太子。

太子爽知道后，想到王后没完没了地诋毁自己，想与她淫乱而达到封住她的口的目的。王后饮酒时，太子上前为她祝寿，借此坐在王后腿上，要求与王后睡觉。王后发怒，告诉了衡山王。王召来太子，要把他绑起来拷打。太子知道王经常想要废掉自己立弟弟刘孝，就对王说："刘孝与王的侍女私通，无采与奴仆私通，您多吃点吧，我上书去了。"就离王而去。王派人阻止，阻止不了，王就自己骑马追捕太子。太子乱说了更恶毒的话，王把太子戴上刑具关在宫里。刘孝日益得到宠爱。王惊奇于刘孝的才能，让他佩上王印，号称将军，让他住在宫外，供应大量金钱，让他招来朋友。来的人都心里知道淮南、衡山王有叛逆的计划，就日日夜夜慢慢地加以怂恿。王便让刘孝招致江都人救赫、陈喜制造战车和弓箭，刻制天子玺以及将、相、军吏的印章。衡山王积极地征求壮士如周丘等人，多次称道并引用吴、楚等国谋反时的计划，作为经验教训。衡山王不敢像淮南王那样想得到天子的位置，他怕淮南王起兵把他吞并，只想淮南王发兵向西以后，他能发兵占据江淮流域一带的地方。他期望能如愿。

元朔五年（公元前 124 年）秋天，按规定衡山王应当入朝觐见皇上，经过淮南，淮南王跟他说了些兄弟相亲的话，消除了从前的隔阂，相约都去制造谋反的器械。衡山王就马上上书说自己病了，皇上赐回书让他不用入朝了。

元朔六年（公元前 123 年）中，衡山王派人上书请求废去太子爽，立孝为太子。爽知道了，立即指使他的亲信白嬴到长安上书，控告刘孝制造战车和弓箭，还与王的侍女私通，想以此击败刘孝。白嬴到长安，还没有上书，官吏就把他逮捕了，因为他牵涉到淮南王的谋反案。衡山王听到儿子爽派白嬴上书，害怕他泄漏国内的秘密，马上上书控告太子爽犯下大逆不道的杀头罪。皇帝把案件移交给沛郡审处。元狩元年（公元前 122 年）冬天，司法部门和公卿大臣下达任务让沛郡追捕那些参与淮南王谋反的人，没有抓到，却在衡山王的儿子刘孝家中抓到了一个参与者陈喜。官吏指控刘孝藏匿陈喜。刘孝考虑陈喜多次积极参与衡山王的造反密谋，害怕他先起来揭发，听说法律规定自己事先坦白交代可以从宽处理抵消罪行，又怀疑太子指使白嬴上书要揭发自己的事，所以刘孝就抢先自首了，控告与自己一起谋反的救赫、陈喜等人。廷尉审讯证实以后，公卿请求逮捕淮南王依法判处。天子说：“不要逮捕。”派遣中尉司马安、大行李息以此事问王，王向他们说了全部事实。兵吏全围在王宫外面等待着。中尉和大行回去，向武帝报告，公卿请求派遣宗正、大行与沛郡一起判治衡山王。王听说了，随即刎颈自杀。刘孝抢先坦白了自己谋反，他的谋反罪即可抵消，但犯了与王的侍女私通罪，判处弃市。王后徐来犯有蛊杀前王后乘舒的罪，太子爽犯有王所控告的不孝罪，都被判处弃市。那些参与衡山王谋反计划的人都被灭族。衡山国被撤销，在原封地上建置了衡山郡。

太史公说：《诗》中所谓“抵抗西方和北方的戎、狄，惩罚南方的荆和舒”，这话说得很实在啊！淮南王、衡山王与天子至亲一家，疆土千里，列为诸侯，不从事遵行藩臣应尽的职守以辅佐天子，反而专注于那些邪恶的计划，阴谋叛逆，乃导致父亲和儿子两次亡国，都不得善终，成了天下的笑料。当然这也不是王单方面的过失，而是那些地方风俗浅薄，臣下慢慢地影响他们的缘故。荆、楚一带的人勇猛剽悍，喜欢作乱，这是自古以来就有记载的。